Au rythme des mots

CE2

Cycle 3

Étude de la langue

Fabienne Rubens
Professeur des écoles

Céline Sourimant
Professeur des écoles / Maître formateur

Armelle Vautrot
Professeur d'IUFM

- Grammaire
- Orthographe
- Conjugaison
- Vocabulaire

Bordas

Édition : Julie Collignon
Relecture : Véronique Dussidour
Recherche iconographique : Danièle Portaz
Conception couverture : Véronique Lefebvre • Illustration : Gaëlle Duhazé
Conception maquette intérieure : Langage graphique • Pictos : Isabelle Maroger
Coordination artistique : Alexandre Millot, Pierre Taillemite
Mise en page : Thomas Winock
Fabrication : Josiane Nicole
Photogravure : Irilys

Avec la collaboration de Evelyne Leyvastre

Illustrations :
Vincent BERGIER : pp. 9, 12, 15, 22, 26, 33, 38, 43, 45, 52, 68, 69, 71, 81, 91, 94, 110, 115, 121, 124, 129, 136, 149, 159, 162, 169, 171, 175, 179

Gaëlle DUHAZÉ : pp. 7, 8, 10, 17, 24, 25, 36, 44, 47, 53, 55, 56, 63, 64, 75, 85, 86, 89, 92, 101, 102, 105, 107, 116, 118, 123, 130, 131, 134, 139, 144, 150, 152, 157, 158, 164, 167, 168, 172, 177

Mélisande LUTHRINGER : pp. 13, 14, 20, 32, 41, 46, 49, 57, 67, 70, 77, 83, 84, 88, 93, 96, 97, 103, 104, 106, 109, 112, 117, 120, 122, 132, 135, 142, 153, 165, 174, 180, 182

Clotilde SZYMANSKI : pp. 19, 21, 28, 30, 31, 34, 37, 39, 40, 48, 50, 51, 58, 65, 73, 80, 82, 87, 90, 95, 108, 111, 113, 119, 127, 141, 144, 147, 166, 168, 170, 173, 178

ISBN 978-2-04-732644-2

Préface

La collection ***Au Rythme des mots*** se veut avant tout **adaptée à la diversité des niveaux des élèves**. La **différenciation** a été notre priorité ainsi que la **liberté pédagogique** : le manuel est maniable et offre des entrées variées.

L'enseignant va pouvoir choisir **au rythme de ses séquences d'apprentissage** parmi un large éventail d'exercices, aussi bien en grammaire qu'en conjugaison, en orthographe ou même en vocabulaire. L'accent a été porté sur la **diversité** et la **pluralité** des activités proposées. Les **exercices** et les **activités d'écriture** sont ainsi **classés par difficulté**.
Les **textes** et les **consignes** sont **accessibles à tous**, ce qui rend le manuel exploitable quel que soit le niveau des élèves. La diversité des activités et les différents niveaux signalés permettent de s'adapter au rythme des élèves : ni les plus rapides, ni les plus en difficulté ne sont laissés de côté.

Chaque leçon est construite sur un **schéma identique** et permet de **progresser efficacement** :
- un **texte de lecture**, court, de genre varié (documentaire, roman, théâtre, poésie, chanson…), permet d'aborder la notion, suivi de deux **rubriques**, « Je comprends » (pour travailler la compréhension du texte) et « Je découvre » (pour appréhender la notion grammaticale) ;
- **deux pages d'exercices d'entraînement**, nombreux, différenciés, classés par compétences pour en faciliter l'utilisation, sont introduites par la règle et la reformulation de cette règle ;
- deux exercices de **synthèse** reprennent l'essentiel de la leçon ;
- des **productions d'écrit**, elles aussi différenciées, encadrées, s'appuyant sur des supports iconographiques, reprennent la notion développée ;
- une **dictée** préparée permet de réinvestir la notion et de progresser en orthographe tout au long de l'année.

Des **pages de révision** à chaque fin de partie permettent de revoir les différentes notions de manière synthétique. Ces pages reprennent les **compétences** travaillées dans les différentes leçons, ce qui les rend faciles d'utilisation.

Une attention très nette a été portée au **plaisir des élèves** : le manuel se veut attractif, avec des illustrations gaies et variées, des exercices motivants, des supports différents et amusants.

L'enseignant trouvera dans le **livre du maître**, accompagné d'un **CD-Rom** :
- des évaluations ;
- des aides à la gestion de la diversité de niveaux des élèves, avec notamment des exercices supplémentaires de remédiation et d'approfondissement ;
- des parcours d'utilisation du manuel ;
- les corrigés des exercices du manuel de l'élève.

Les enseignants trouveront dans ce manuel pratique et clair, une **aide efficace à la gestion de l'hétérogénéité de la classe**.

Les auteurs

Sommaire

GRAMMAIRE

CONJUGAISON

ORTHOGRAPHE

VOCABULAIRE

Sources textes

page 131 : N. RÅDSTRÖM, Robert och den osynlige mannen, 1994,
First published by Bonnier Carlsen Bokförlag, Stockholm, Sweden.

Crédits iconographiques

12	Ph. Coll. Christophe L. © Dreamworks
16 ht g	Ph. Anh Pham / Fotolia © Archives SEJER
16 bas g	Ph. Didier Salou / Fotolia © Archives SEJER
16 d	Ph. MaTeo Natale / Fotolia © Archives SEJER
16 d	Ph. Thomas Teufel / Fotolia © Archives SEJER
16 d	Ph. Ismael M. Verdu / Fotolia © Archives SEJER
16 d	Ph. Bernard Bailly / Fotolia © Archives SEJER
27	Ph. © Ant Photo Library / SUNSET
35 ht	Ph. Robert Owen-Wahl / Fotolia © Archives SEJER
35 bas	Ph. Erich Isselée / Fotolia © Archives SEJER
38	© C. Sourimant
40	BIS / Ph. Coll. Archives Larbor
48	Ph. Aleksandar Jovanovic / Fotolia © Archives SEJER
50	Ph. Ornitolog 82 / Fotolia © Archives SEJER
54	Ph. Coll. Prod DB © Vanguard Animation / DR
72	Ph. Eco View / Fotolia © Archives SEJER
78	BIS / © Archives Larbor
79	BIS / Ph. Robynrg © Archives SEJER
82	Ph. © Bob Winsett / CORBIS
90 bas	BIS / Ph. Sonneville © Archives Nathan
90 ht	BIS / Ph. Alvaro de Leiva / Coll. Archives Larbor
90 m	Ph. Joël Behr / Fotolia © Archives SEJER
91	Ph. © Claudius Thieriet / BIOSPHOTO
94	BIS / Ph. © Musée national des Techniques, Paris
98	Ph. © José Fuste Rage / AGE FOTOSTOCK
108	Ph. © Robert Doisneau / Rapho / EYEDEA
114	Ph. © Eric Travers / Gamma / EYEDEA
116	Ph. © Philippe Lesprit / PICTURETANK
122	Ph. © Manceau / BSIP
126	BIS / Ph. © National Gallery
130	Ph. © Marieke VD Velden / HH-REA
138	Ph. © Gianni Dagli Orti / THE PICTURE DESK
139	Ph. Anita Zander / Fotolia © Archives SEJER
142	Ph. © Florence Levillain / SIGNATURES
143	Ph. Conny / Fotolia © Archives SEJER
146 ht	Ph. © Bertrand Gardel / HEMIS
146 bas g	Ph. Imagine / Fotolia © Archives SEJER
146 bas m	Ph. Benedikt Schickentanz / Fotolia © Archives SEJER
146 bas d	Ph. Rgbdigital.co.uk / Fotolia © Archives SEJER
166 g	Ph. Dominique Vernier / Fotolia © Archives SEJER
166 m	Ph. Margouillat photo / Fotolia © Archives SEJER
166 d	Ph. Jorge Chaves / Fotolia © Archives SEJER
177	BIS / Ph. © Archives Nathan

Grammaire

La phrase et la ponctuation

Je veux être africain !

– Tu sais, p'pa, quand je serai grand, je serai africain.

Il s'assoit à côté de moi et sourit.

– Plus tard, tu pourras voyager au Cameroun, au Congo ou au Kenya, mais tu ne pourras pas devenir africain, Simon. C'est impossible.

– Bien sûr que si, je lui réponds. C'est même mon copain Fofana qui me l'a dit !

Quand je serai grand, j'aurai la peau toute noire et je serai africain comme Fofana. C'est comme ça.

– Moi, ce que j'aimerais savoir, c'est ce que tu feras quand tu seras africain…

Le problème avec papa, c'est qu'il n'est jamais au courant de rien. Il faut toujours tout lui expliquer. Heureusement que je suis là !

Avec Fofana, quand on sera grand, on achètera des valises, on prendra l'avion et on partira en Afrique. Mais pour toujours ! Pas juste pour les vacances. Pour toute la vie ! Et comme on sera très pressé d'arriver, quand l'avion passera au-dessus de l'Afrique, on sautera en parachute. Alors, le vent nous emportera au-dessus des montagnes, des forêts et des plaines. Et on atterrira dans un village au bord de l'eau. C'est là que le grand-père de Fofana habite. Il déteste les grandes villes et dit que son village est le plus beau du monde !

Marc CANTIN, *Demain, je serai africain*, coll. Arc-En-Ciel Cascades, Éd. Rageot.

Je comprends

a. Qui est Fofana ?

b. Pourquoi Simon veut-il partir ?

c. Réponds par vrai ou par faux.
- Simon veut être américain.
- Simon veut sauter en parachute.
- Le grand-père de Fofana habite dans une grande ville.

Je découvre

1 **Dans les phrases du texte, où se trouvent les éléments en rouge et les éléments en bleu ?**

2 **Dans la liste suivante, quel est l'intrus qui ne se trouve pas dans le texte ?**

Point final .	Point d'interrogation ?
Point d'exclamation !	Points de suspension …

3 **Dans le passage suivant, combien y a-t-il de phrases ?**

Le problème avec papa, c'est qu'il n'est jamais au courant de rien. Il faut toujours tout lui expliquer. Heureusement que je suis là !

J'apprends

Identifier une phrase

- Une phrase peut être **courte** ou **longue**.

  Exemples : Pour toute la vie !
  Je me demande comment ils font pour partir aussi longtemps en vacances.

- La phrase commence par une **majuscule** et se termine par un **signe de ponctuation** comme :

– le **point final** [.] → *Je suis d'accord.*
– le **point d'exclamation** [!] → *C'est toi qui as raison !*
– le **point d'interrogation** [?] → *Connais-tu l'Afrique ?*
– les **points de suspension** [...] → *Je me demande si les zèbres sont des animaux dangereux...*

Je m'exerce

4 * **Reformule la règle :**
Une phrase commence par une ... et se termine par un ... .

Identifier une phrase

5 * **Indique le nombre de phrases.**
a. Martin est l'ami de Florian. Il l'aime beaucoup.
b. Fabrice parle souvent avec son père, surtout avant de s'endormir.
c. Les enfants partent en vacances avec leurs parents. La route sera longue. Il va falloir être sage durant le trajet.

6 ** **Indique le nombre de phrases et trouve le mot intrus.**
Olivier a besoin de lait pour faire des crêpes. Il est allé chez Maria chercher du lait. Maintenant, il va pouvoir se régaler ! Avec du chocolat, ses crêpes sont encore meilleures !

Placer les majuscules et les points

7 * **Recopie chaque phrase en mettant les majuscules et les points.**
- tu aimes faire des voyages
- j'apprends beaucoup de choses en classe
- il découvre une plage magnifique
- nous prenons souvent le train

8 * **Recopie ce texte en mettant les signes de ponctuation suivants : [.] [!]**
Nous avons atterri ce matin, le voyage s'est bien passé Il n'y a pas un nuage dans le ciel et le soleil brille très fort La famille de Fofana nous attend à l'aéroport Vive les vacances

9 ** **Recopie chaque phrase en mettant le bon signe de ponctuation : [...] [?] [!] [.]**
Attention : tu ne peux utiliser qu'une fois chaque signe de ponctuation.
– As-tu peur de prendre l'avion ...
– Je ne crois pas ... Je n'ai jamais pris l'avion avant ...
– Tu vas voir, c'est super, on va voler ...

10 ** **Il y a 4 phrases cachées dans ces mots collés. Récris correctement chaque phrase en mettant les majuscules en début de phrase et la ponctuation en fin de phrase.**
j'aimeprendrel'avionj'ail'impressiond'êtreunoiseauetdevoleraumilieudesnuagesj'aimeaussiprendreletrainj'ail'impressiond'alleraussivitequelevent

J'apprends

Une phrase a du sens

Une phrase est une **suite de mots qui a un sens**.

Exemples : Écoute le bruissement des feuilles !
C'est sans doute un animal qui approche.

La ponctuation dans une phrase

- Dans les phrases, on trouve des **signes de ponctuation** :

– la **virgule** ,
Exemple : Avec ma voisine, nous sommes allées à un concert.

– le **point-virgule** ;
Exemple : Tu prépares ta valise ; il te faut du dentifrice, du savon et des vêtements.

– les **deux-points** :
Exemple : Il a acheté des souvenirs : une statuette, un collier et du tissu.

- Attention ! Après ces signes de ponctuation, il n'y a pas de majuscules.

Mais n'oublie pas, il y a une **majuscule** au **début d'un nom propre**.
Exemples : Afrique, Fofana, Simon, Congo, Cameroun, Kenya…

Je m'exerce

11 * **Reformule la règle :**
À l'intérieur des phrases, on trouve des signes de ponctuation comme … .

Reconnaître et former des phrases qui ont du sens

12 * **Recopie les phrases qui ont du sens.**
- La biche regarde son petit.
- Je pars en poésie.
- En vacances, Jules était.
- Il vend des crêpes.

13 ** **Remets les groupes de mots dans l'ordre pour former des phrases qui ont du sens.**
Exemple : une proie. – cherche – Le guépard
→ Le guépard cherche une proie.
- ont – des rayures noires. – Les zèbres
- à Thomas. – pense – Julia
- Le grand-père – les antilopes. – de Fofana – ne chasse jamais
- il a peur – Simon – dans la brousse. – cherche – de s'être perdu – Fofana ;
- l'Égypte, – Madagascar, – J'ai visité – et le Sénégal. – plusieurs pays d'Afrique :

Reconnaître et utiliser les signes de ponctuation dans une phrase

14 * **Recopie le texte et entoure tous les signes de ponctuation à l'intérieur des phrases.**
J'adore partir en vacances ; il faut faire sa valise, préparer ses affaires. J'aime aussi le trajet : la voiture, le train, l'avion… j'aime tous les moyens de locomotion quand c'est pour partir au loin !

15 ** **Recopie en ajoutant les virgules.**
- Nous partons avec Thomas Pierre et Ludo.
- Pour mon anniversaire j'ai demandé des rollers un DVD et un ballon de football.
- Avec Paola depuis ce matin nous préparons les gâteaux pour la kermesse.

16 ** **Recopie en ajoutant les deux-points.**
- Voici la liste des courses du pain, du jambon, des pommes et des éponges.
- Léa dit « Venez sous le préau ! Il va pleuvoir. »

17 ** **Chasse les intrus : recopie ce texte avec les majuscules qui conviennent.**
Les Prénoms Sont Différents Selon Les Continents. On Peut S'appeler Fatou En Afrique, Alexandru En Roumanie, Jeanne En France.

SYNTHÈSE

18 * **Indique le nombre de phrases. Relève le signe de ponctuation qui termine chaque phrase.**

Je n'aime pas les mathématiques ! Mais j'aime bien le français. Et aussi la géographie... Mon copain Max préfère le sport, lui. Quel coquin celui-là !

19 ** **Recopie le texte en mettant pour chaque phrase la majuscule au début et le point à la fin.**

aujourd'hui, en classe, nous avons appris à lire un planisphère la maîtresse nous a montré cinq continents : l'Afrique, l'Amérique, l'Europe, l'Asie, l'Océanie ces continents sont entourés d'eau j'aime beaucoup les cours de géographie

J'ÉCRIS

Employer des phrases

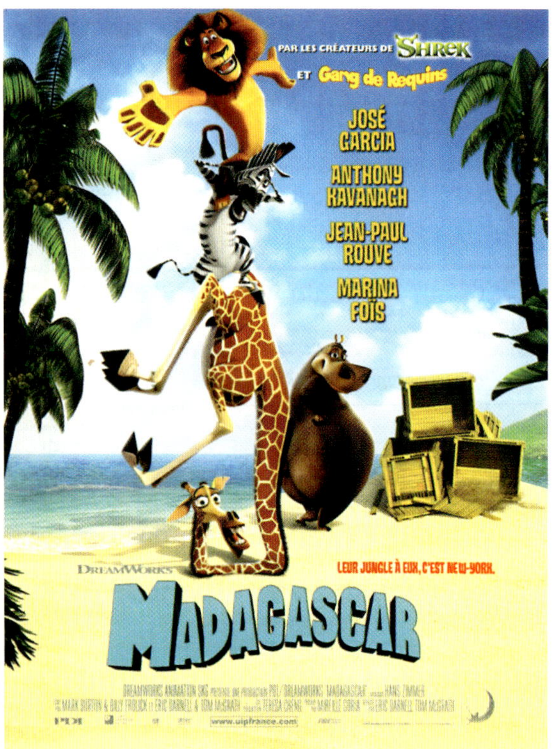

20 * **Décris l'affiche de *Madagascar* en continuant les phrases suivantes. Attention au sens des phrases et à la ponctuation !**

- Le lion est au-dessus ...
- L'hippopotame est ...
- La girafe ...
- Les personnages de l'affiche se trouvent sur ...

21 ** **Observe l'affiche de *Madagascar* et écris au moins quatre phrases pour décrire ce que tu vois. Tu peux parler des animaux, du décor, de ce qui est écrit, du dessin animé (si tu le connais)...**

Pour t'aider : Tu peux utiliser les différents signes de ponctuation que tu connais et écrire des phrases courtes ou longues.

Raconter un film

22 ** **Quel est le dernier film ou dessin animé que tu es allé voir ?**
Prépare un court texte pour raconter ce qui t'a plu ou ce qui t'a déplu. N'hésite pas à utiliser différents signes de ponctuation !

Pour t'aider : Tu peux parler des personnages, de l'action, de la musique...

DICTÉE PRÉPARÉE

L'avion se pose en plein soleil. Voilà enfin l'Afrique ! Incroyable ! Quels animaux vois-tu ? Moi, je vois des girafes, des zèbres, des lions...

La phrase affirmative et la phrase négative

L'amoureux

– Je suis amoureux, dit le criquet, en bondissant.

– Ah oui ? dit la coccinelle.

– Oui ! dit le criquet, en bondissant encore plus haut.

– Et on peut savoir de qui ? dit la coccinelle.

– Euh…, dit le criquet. Je ne le sais pas encore.

– Ah…, dit la coccinelle avec un grand sourire.

Et il se mit à bondir encore plus haut.

– Et tu ne veux vraiment pas savoir de qui ? insista la coccinelle.

– Ça n'a pas d'importance ! dit le criquet. Je suis amoureux. Un point, c'est tout. C'est le sentiment qui compte.

Et il agita nerveusement ses grandes antennes.

– Mais si tu ne sais pas de qui tu es amoureux, demanda la coccinelle, que vas-tu faire du sentiment ?

– Pardon ? demanda le criquet, étonné.

– Ben oui, dit la coccinelle. Que vas-tu faire du sentiment ?

Le criquet se mit à réfléchir. Quelle drôle de question ! Il n'en ferait rien, tout simplement. Il le conserverait tel quel. Au fond de lui. Car c'était un sentiment extraordinaire. Et il bondit encore. Mais un peu moins haut que la dernière fois.

Geert DE KOCKERE, « Tête à tête », in *15 petites histoires pas comme les autres*, Éd. Milan.

Je comprends

a. Dans le texte, quel personnage est amoureux ?

b. Ce personnage annonce qu'il est amoureux :
- en rougissant.
- en pleurant.
- en bondissant.

c. Réponds par vrai ou par faux.
- Le criquet ne sait pas encore de qui il est amoureux.
- La coccinelle sourit en entendant le criquet.
- Le criquet déclare à la coccinelle qu'il est amoureux d'elle.
- La coccinelle ne veut pas savoir de qui le criquet est amoureux.

Je découvre

1 **Trouve dans le texte la forme négative de :**
Ça a de l'importance.

2 **Dans les phrases en rouge, trouve les petits mots qui servent à former la négation. Retrouves-tu ces petits mots dans les phrases en bleu ?**

3 **Transforme la phrase Je suis amoureux en phrase négative, comme dans l'exemple.**
Exemple : Le sentiment compte énormément.
→ *Le sentiment ne compte pas énormément.*

4 **Dans la phrase négative suivante, trouve les mots qui servent à former la négation.**
Je ne veux plus prendre l'avion.

J'apprends

Reconnaître la forme affirmative et la forme négative

Une phrase peut être :
– à la **forme affirmative** : *Le criquet fait des bonds.*
– à la **forme négative** : *Il ne possède pas de grandes antennes.*

Identifier les marques de la négation

On reconnaît les phrases négatives aux petits mots qui encadrent le verbe : ce sont les **marques de la négation** (*ne ... pas*, *ne ... plus*, *ne ... jamais*).

Exemples :	**Phrase affirmative**	**Phrases négatives**
		Je **ne** suis **pas** amoureux.
	Je suis amoureux.	Je **ne** suis **plus** amoureux.
		Je **ne** suis **jamais** amoureux.

Je m'exerce

5 * **Reformule la règle :**
Dans une phrase négative, on utilise des petits mots appelés ... .

Reconnaître la forme affirmative et la forme négative

6 * **Indique si ces phrases sont des phrases affirmatives ou des phrases négatives.**
Exemple : Le criquet se mit à réfléchir.
→ *phrase affirmative.*
- Tom prépare un gâteau.
- Il n'en ferait rien.
- C'était un sentiment extraordinaire.
- Il mange encore.
- Le réveil ne marche pas.
- Il regarde le feu d'artifice.

7 ** a. **Recopie la phrase négative.**
Tu n'aimes pas ton voisin ? • Tu préfères ton voisin de gauche ou de droite ?
b. **Transforme la phrase négative en phrase affirmative en enlevant les deux mots de négation.**
Tu ... ?

Identifier les marques de la négation

8 * **Recopie ces phrases négatives et souligne les marques de la négation.**
- Hugo ne joue pas au tennis.
- Nous ne voulons jamais ranger notre chambre.
- Le soleil ne se lève pas à l'ouest.
- Je ne comprends pas cette leçon.
- Elles ne jouent plus au tennis.
- Jules ne partira pas pour l'Australie.
- Paul, Sarah et Jimmy ne veulent plus aller à l'école.

9 ** **Recopie les phrases négatives et souligne les marques de la négation.**
Tom ne comprend pas Jeanne. Elle ne veut pas être amoureuse de lui. Il se trouve pourtant assez beau. Il sait aussi écrire des poèmes. Il se sent tout triste du coup. C'est décidé, il ne parlera plus de ses sentiments à son amie. Tant pis pour elle ! Elle ne sera jamais amoureuse !

Utiliser les marques de la négation

10 * **À partir de la phrase affirmative suivante, forme trois phrases négatives différentes en utilisant ne ... pas, ne ... plus, ne ... jamais.**
Le criquet bondit.

J'apprends

Les autres marques de la négation

- Dans les phrases à la forme négative, on peut rencontrer d'autres **marques de négation** comme *ne … aucun, ne … rien, ne … personne, ni … ni.*

Exemples :

Phrases affirmatives	Phrases négatives
Il est gourmand et généreux.	Il **n'**est **ni** gourmand **ni** généreux.
Il a plusieurs bonbons dans son sac.	Il **n'**a **aucun** bonbon dans son sac.

- **Remarque** : devant un mot commençant par une voyelle ou un h-, « ne » se transforme en « n' »

Exemple : Elle **n'h**abite **pas** à la campagne.

Je m'exerce

11 * **Reformule la règle :**
Je peux utiliser différentes marques de la négation : … .

Identifier les marques de la négation

12 * **Recopie les phrases suivantes et souligne les marques de la négation.**
Non, ce n'est pas possible ! Je ne peux pas t'emmener au zoo aujourd'hui. Je n'ai aucun moment libre. Je n'ai ni le temps, ni l'envie.

13 ** **Retrouve toutes les marques de la négation dans ce dialogue.**
– Je ne comprends pas pourquoi tu boudes, dit Valentin.
– C'est comme ça ! répond Océane.
– Non, réponds-moi ! Je veux comprendre ! crie Valentin.
– Tu ne comprendrais pas de toute manière.
– Je t'ai dit quelque chose qui t'a blessée ?
– Non, ce n'est pas ça…, hésite Océane.
– Tu ne veux vraiment rien me dire ?
– Je ne veux plus te voir, dit Océane.

Utiliser les marques de la négation

14 * **Récris correctement ces phrases avec les marques de la négation.**
C'est pas ça. • J'ai jamais dit ça ! • C'est pas moi ! • J'y comprends rien !

15 ** **Recopie et complète les phrases avec ne, ni ou n'.**
- Les insectes … habitent pas toujours dans l'herbe.
- La coccinelle … a pas le même nombre de points noirs sur une aile que sur l'autre. Ses ailes … sont donc pas symétriques.
- Quel est donc cet insecte ? Ce … est … une sauterelle … un grillon.

Transformer des phrases

16 * **Transforme ces phrases négatives en phrases affirmatives.**
- Marine n'arrête pas de réfléchir.
- Jeanne n'est jamais très patiente.
- Les enfants n'ont pas une vie difficile.
- Valentin ne veut ni chanter ni danser pour Océane.
- Il n'est plus en vacances.
- Nous ne souhaitons pas venir tard.

17 * **Transforme ces phrases affirmatives en phrases négatives en utilisant des marques de la négation.**
- Paola est en retard
- Olivier est toujours joyeux.
- Stéphane raconte tout à son amie.
- Héloïse a beaucoup d'amoureux.
- Simon trouve quelqu'un à qui parler.
- Sally a tout compris.

EXERCICES SUPPLÉMENTAIRES

SYNTHÈSE

18 * **Forme une phrase avec chaque liste de mots.**

- chocolat – mange – ne – du – Je – que – noir.
- la – n'– pas – musique – entends – Tu.
- demain – Tu – vacances – pars – matin – en.
- jour – est – autre – Demain – un.

19 ** **Écris une phrase négative pour répondre à chaque question.**

Exemple : Aimes-tu les promenades en forêt ?
→ Non, je n'aime pas les promenades en forêt.

- Viendras-tu avec nous en vacances à Noël ?
- Aimes-tu toujours les dessins animés ?
- Manges-tu du fromage avant le dessert ?
- Joues-tu encore du violon ?

J'ÉCRIS

Employer des phrases affirmatives et des phrases négatives

20 * a. **Observe la photo et lis le texte.**

Ce criquet est sur une branche.
Il ne bouge plus.
Il a de grandes pattes à l'arrière.
Il n'a pas de grandes antennes.

b. **À ton tour, invente deux phrases affirmatives et deux phrases négatives pour décrire cette coccinelle :**

21 ** **Écris le portrait d'un camarade de classe, sans donner son prénom, en utilisant au moins deux phrases affirmatives et deux phrases négatives. Tes camarades devront deviner qui tu as décrit.**

Exemple : Ce garçon a les cheveux blonds, mais il n'a pas les yeux bleus. Il est assis à côté de Léa en classe. Il n'aime pas la grammaire. Il préfère les mathématiques.

Décrire un insecte

22 ** a. **Pour chaque image, indique de quel insecte il s'agit :**
scarabée – mouche – fourmi – guêpe.

b. **En une phrase, donne une information sur chaque insecte.**
Tu peux t'aider du dictionnaire.

Exemple : La coccinelle a des points noirs.
La cigale vit dans les arbres…

DICTÉE PRÉPARÉE

Ce n'est jamais facile de dire qu'on est amoureux. Le criquet décide de parler de son sentiment à la coccinelle, mais elle n'est ni gentille ni patiente avec lui. D'ailleurs, elle n'écoute jamais personne.

La phrase déclarative et la phrase interrogative

Où sont mes lunettes ?

LE MARI — Klara ! Je ne trouve pas mes lunettes. Tu sais où sont mes lunettes ?

LA FEMME — (…) Elles sont sûrement quelque part.

LE MARI — Quelque part ! Pour sûr qu'elles sont quelque part – mais où – où est-ce ce quelque part ?

LA FEMME — Quelque part ? Ça je ne le sais pas non plus – alors c'est qu'elles sont ailleurs !

LE MARI — (…) C'est bien de cela qu'il s'agit ! – Cet endroit, je ne sais plus où il est !

LA FEMME — Ça, je ne comprends pas… Peut-être qu'elles sont dans l'étui ?

LE MARI — Oui !!! Ça se pourrait ! Elles doivent être là. Passe-moi l'étui !

LA FEMME — Où est-ce qu'il est, l'étui ?

LE MARI — L'étui est justement là où les lunettes sont dedans.

LA FEMME — Mais une paire de lunettes n'est pas toujours dans son étui.

LE MARI — Si ! – Elle est toujours dans son étui. Sauf quand je l'ai sur le nez.

LA FEMME — Quoi ? – L'étui ?

LE MARI — Non ! – La paire de lunettes.

LA FEMME — Ooooooh ! Mais qu'est-ce que je vois là ? – Jette donc un coup d'œil là-haut sur ton front !

LE MARI — Mais je n'y vois pas là-haut.

LA FEMME — Alors attrape voir ce qu'il y a là-haut ! – Tu as relevé tes lunettes sur ton front !

LE MARI — Ah ! – Exact. – Ce sont bien mes lunettes ! – Mais hélas ?!

LA FEMME — Quoi, hélas ?

LE MARI — Sans étui.

Karl VALENTIN, « Où sont mes lunettes » in *Sketches*, trad. de J.-L. Besson et J. Jourdheuil, coll. Théâtrales Jeunesse, Éd. Théâtrales.

Je comprends

a. Quels sont les personnages présents dans cette scène ?

b. Quel objet ne trouvent-ils pas ? Attention, il y a plusieurs réponses possibles.
le journal – les lunettes – l'étui – le chapeau

c. Réponds par vrai ou par faux.
- Le mari ne trouve plus ses lunettes.
- Le mari a laissé ses lunettes dans une poche.
- Le mari retrouve son étui mais pas ses lunettes.

Je découvre

1 **Par quel signe de ponctuation se terminent les phrases en rouge ? Et les phrases en bleu ?**

2 **Quelle phrase indique que le mari demande où sont ses lunettes ?**
Mais qu'est-ce que je vois là ? • Tu sais où sont mes lunettes ? • Quoi ? L'étui ?

3 **Quelle phrase en rouge dans le texte pourrait avoir la réponse suivante ?**
L'étui est sans doute posé quelque part dans la maison.

J'apprends

La phrase déclarative

Elle **raconte un fait**, un événement. Elle **se termine** par un **point** final.

Exemple : Je pars à Londres.

La phrase interrogative

- Elle **pose une question**. Elle **se termine** par un **point d'interrogation**.
  Exemple : Où sont mes lunettes ?
- La phrase interrogative peut être :
  – aussi **courte** qu'un mot (*Exemples :* Vraiment ? Maintenant ?) ;
  – plus **longue** et **introduite par un mot interrogatif** : *où*, *comment*, *quand*, *qu'est-ce que*, *qu'est-ce qui*, *pourquoi*, *qui*, *quoi*...
  Exemple : Pourquoi est-il en colère ?
- Dans la plupart des phrases interrogatives, **le sujet et le verbe sont inversés.**
  Exemple : Viens-tu avec nous ?
  verbe sujet

Je m'exerce

4 * **Reformule la règle :**
Une phrase qui pose une question et se termine par un point d'interrogation est une phrase ... .

Identifier les phrases interrogatives

5 * **Recopie le texte et entoure les points d'interrogation.**
Tu viens jouer avec moi ? Dans le jardin ou dans ma chambre ? On peut faire un jeu de société ou un jeu de l'oie. Ça te dit ? Non ?

6 ** **Recopie les phrases interrogatives.**
Connais-tu le nom de ce jeu ? Je crois que c'est le Monopoly® mais je ne suis pas sûr. En connais-tu les règles ? Je ne m'en souviens plus très bien. Il faut avancer avec un dé, acheter des maisons. Il faut penser à plein de choses en même temps. Difficile, non ? On joue ? Super !

Utiliser les phrases déclaratives et les phrases interrogatives

7 * **Recopie en plaçant le point final . ou le point d'interrogation ?**
MATHIS — Est-ce que tu viens au centre de loisirs mercredi ...
MANON — Je ne sais pas, je vais demander à ma mère ... Et toi, est-ce que tu viens ...
MATHIS — Quelles activités sont prévues ce mercredi ...
MANON — Un spectacle... On va à un spectacle de marionnettes, non ...

8 * **Relève les mots interrogatifs dans chaque phrase.**
- Où ranges-tu tes affaires ?
- Quand viens-tu chez moi ?
- Est-ce que je t'attends pour manger ?
- Pourquoi es-tu déçu ?

9 ** **Transforme chaque phrase déclarative en phrase interrogative, comme dans l'exemple.**
Exemple : Tu aimes surtout les gâteaux au chocolat.
→ ***Aimes-tu** surtout les gâteaux au chocolat ?*
- Tu mens souvent.
- Nous devons ranger les courses.
- Vous jouez toujours dans la même équipe.

10 ** **Transforme chaque phrase déclarative en phrase interrogative, comme dans l'exemple.**
Exemple : Vous êtes prêts pour le marathon.
→ ***Est-ce que** vous êtes prêts pour le marathon ?*
- Nous sommes déjà venus dans cet hôtel.
- Ils ont perdu au loto.
- Elle vend son scooter.
- Vous préférez venir à 20 heures.

J'apprends

La forme des phrases interrogatives

Les **phrases interrogatives** peuvent être :
– **affirmatives** : *Quand vas-tu enfin m'écouter ?*
– ou **négatives** : *Pourquoi* **ne** *veux-tu* **pas** *de dessert ?*

Répondre à des phrases interrogatives

- On peut **répondre** à certaines phrases interrogatives par **oui** ou par **non**.
  Exemples : Tu vas bien ? **Oui**.
  Aimes-tu les artichauts ? **Non**.
- Dans d'autres cas, on doit **répondre par une phrase complète**.
  Exemple : Est-ce que tu préfères le fromage ou le dessert ? **Je préfère le fromage**.

Je m'exerce

11 * **Reformule la règle :**
Une phrase interrogative peut être affirmative ou … .
On peut parfois répondre par oui ou … mais ce n'est pas toujours possible.

Reconnaître et utiliser des phrases interrogatives

12 * **Quelles phrases interrogatives sont à la forme négative ? Relève la négation pour justifier ta réponse.**
- Connais-tu le nom de cette fille ?
- Est-ce que tu ne savais pas que ces gâteaux étaient mes préférés ?
- Pourquoi ne réponds-tu pas ?
- Qu'est-ce qui ne va pas ?
- Quand veux-tu partir en vacances ?

13 ** **Pour chaque phrase interrogative, écris la phrase interrogative négative qui correspond.**
Exemple : Veux-tu du pain ?
→ **Ne** *veux-tu* **pas** *du pain ?*
- Préfères-tu boire du jus de fruits ?
- Tu es content de me voir ?
- Penses-tu réussir ton évaluation ?
- Est-ce que tu prépares ta valise ?

Répondre à des phrases interrogatives

14 * **Relève les phrases interrogatives auxquelles tu peux répondre par oui ou par non.**
- Tu as aimé ce film ?
- As-tu lu le dernier *Harry Potter* ?
- Tu as perdu tes clés hier ou aujourd'hui ?
- Qu'est-ce qui t'ennuie exactement ?
- Tu as terminé ton travail ?

15 * **Retrouve les réponses aux questions.**

Où pars-tu en vacances ? •	• En train.
Avec qui vas-tu à la mer ? •	• En Bretagne.
Comment y vas-tu ? •	• Avec ma sœur.

16 * **Recopie avec la réponse qui convient.**
- Tu aimes le fromage ?
Oui. – Le gruyère.
- Est-ce que je peux t'aider à faire la vaisselle ?
Des assiettes. – Non.

17 ** **Écris les questions auxquelles ces phrases peuvent répondre.**
- Je m'appelle Simon.
- J'entre en CM2.
- J'habite dans un appartement.
- Non.

EXERCICES SUPPLÉMENTAIRES

SYNTHÈSE

18 * **Recopie les phrases et entoure en vert les phrases déclaratives et en rouge les phrases interrogatives.**

- Tu n'arrives jamais à l'heure.
- Qui préfères-tu appeler en premier ?
- Ne sais-tu pas que j'ai une voiture neuve ?
- Comment pourrait-il comprendre ?
- Tu ne manges donc ni fruits ni légumes.

19 ** **Associe chaque réponse à une question.**

Tu viens ou pas ? •	• C'est Marion.
As-tu entendu le chant du rossignol ? •	• Je t'assure, je ne lui ai rien dit !
Comment est-il au courant si tu n'as rien répété ? •	• Non, il y avait trop de bruit pour que je l'entende.
Qui t'a dit que j'ai eu une mauvaise note ? •	• C'est bon, j'arrive !

J'ÉCRIS

Employer des phrases déclaratives et des phrases interrogatives

20 * **Écris trois questions sur cette image.**

Exemple : À quel parfum sont les macarons verts ?

21 ** **Imagine deux questions et deux réponses entre deux personnes qui regarderaient ces gâteaux.**

Exemple : Est-ce que tu aimes les tartelettes à la fraise ?
Non, je préfère celles au citron.

Écrire un dialogue

22 ** **Tu invites un ami pour un goûter. Écris les paroles échangées entre ton ami et toi.**
Pour t'aider : Demande-lui s'il est libre à la date que tu choisis, s'il aime les gâteaux, s'il peut venir à 16 heures...

Écrire un dialogue

Dans un dialogue, des personnages échangent des paroles.
Pour écrire un dialogue, il faut :
- utiliser des **tirets** (–) pour indiquer les changements de personnage.
- **aller à la ligne** à chaque changement de personnage.
- penser à **mettre la ponctuation**.

Exemple :
– Peux-tu venir dimanche ? J'organise un goûter chez moi.
– Oui ! Léa viendra aussi ?
...

DICTÉE PRÉPARÉE

Est-ce que tu connais les personnages de cette pièce de théâtre ? As-tu déjà vu ce spectacle ? Il y a quelques passages comiques. Intéressant, non ?

Le verbe et son sujet

Comment plaire à une fille ?

Maxime est très petit pour son âge. Il suit un traitement médical pour grandir. À l'école, il n'a pas d'amis et les filles ne s'intéressent pas à lui…

Les filles ne me regardent pas. Moi, je n'ai d'yeux que pour elles. Dans la cour de l'école, elles passent sans me voir. Elles me trouvent insignifiant, en tout cas pas plus important qu'un insecte. Depuis plusieurs semaines, j'y pense sans arrêt. Je retourne le problème dans tous les sens. Comment plaire à une fille ?

J'ai demandé à mon père.
– Comment tu as fait pour séduire maman ?
Il m'a répondu en souriant :
– Je ne sais toujours pas, aujourd'hui, ce qui a décidé ta mère à me choisir parmi tous les autres.
J'étais vraiment très avancé.

Pourtant, mon père m'a quand même donné la solution sans le vouloir. Il lisait le journal à la page des sports. Et derrière, juste sous mon nez, il y avait la page du courrier du cœur. C'était un signe du ciel.

J'ai pris une feuille et un stylo et je me suis cassé la tête pour trouver les mots qui font mouche. Mais comme ça ne venait pas, j'ai bêtement recopié une annonce en changeant deux ou trois détails :

MAXIME. ONZE ANS ET DEMI. JEUNE HOMME BEAU ET PAS TRÈS GRAND.
CHERCHE JEUNE FEMME ENTRE ONZE ET DOUZE ANS POUR GRANDIR ENSEMBLE. PAS SÉRIEUSE, S'ABSTENIR.

Éric SANVOISIN, *Le nain et la petite crevette*, Éd. Nathan.

Je comprends

a. Quel âge a Maxime ?

b. Réponds par vrai ou par faux.
- Maxime plaît beaucoup aux filles de son âge.
- Maxime a beaucoup d'amis.
- Les filles ne s'intéressent pas à Maxime.
- Maxime ne s'intéresse pas aux filles.

c. Que fait Maxime pour rencontrer une fille ?

Je découvre

1 Dans le texte, les mots en rouge sont :
des noms • des pronoms personnels • des verbes.

2 Qui ne regarde pas Maxime ?
La réponse à cette question est-elle en rouge ou en bleu dans le texte ?
Où sont placés ces mots par rapport au verbe ?

3 Dans la phrase suivante, retrouve le verbe et son sujet : Maxime cherche une amie.

J'apprends

Le verbe dans la phrase

Dans la phrase, le **verbe** indique généralement :
– une **action**. *Exemples :* Papa **lit** son journal. Le chat **court** après la souris.
– un **état**. *Exemples :* Papa **est** malade. Tu **parais** bien calme.

Le verbe se conjugue

- Le verbe **change** en fonction :
  – du **temps**.
  Exemples : Océane **mange** des fraises. Demain, Océane **mangera** des fraises.
  – de la **personne** (le sujet).
  Exemple : Tu **manges** une pomme. Tom et Léa **mangent** une pomme.
- À la **forme négative**, le verbe est **encadré** par les **marques de la négation**.
  Exemple : Je ne **mange** pas de radis.

Je m'exerce

4 * **Reformule la règle :**
Dans une phrase, le verbe indique généralement une ... ou un ... .
Le verbe change selon le ... ou la ... .

Reconnaître le verbe dans la phrase

5 * **Recopie les mots qui changent dans chaque couple de phrase.**
- Le chauffeur conduit la nuit.
  Le chauffeur conduisait la nuit.
- Amel va à l'anniversaire d'Élie.
  Amel ira à l'anniversaire d'Élie.
- La porte est ouverte.
  La porte était ouverte.

6 * **Relève les verbes dans les phrases.**
- Maxime rencontre une petite fille.
- Elle est funambule.
- Elle travaille dans un cirque.
- Les deux enfants font un numéro.
- Ils deviennent amis.

Utiliser la forme négative pour reconnaître le verbe

7 * a. **Mets les phrases suivantes à la forme négative en utilisant ne / n' ... pas.**
Exemple : Aline cueille les pommes.
*→ Aline **ne** cueille **pas** les pommes.*
- Eliott mange à la cantine aujourd'hui.

- Nestor est malade.
- Le maître reste à son bureau.
- Le temps devient sombre.
- Nous passons notre dimanche à la campagne.

b. **Quel est le mot encadré par les marques de la négation à chaque fois ?**

8 * **Transforme oralement ces phrases à la forme négative puis relève le verbe.**
Exemple : Cali est sage. → Cali n'est pas sage. → est
- Sandrine a un nouvel amoureux.
- Dorianne partira en vacances.
- L'avion décolle de la piste.
- La tempête dévaste la forêt.

Utiliser les verbes

9 * **Complète les phrases avec les verbes suivants : jouent – regardent – plante – arrivera.**
- Le jardinier ... des arbres fruitiers.
- Thomas ... par le train de 10 heures.
- Les enfants ... les vitrines de Noël avec joie.
- Elles ... au basket-ball tous les jeudis.

10 ** **Complète chaque phrase avec un verbe de ton choix.**
Le cirque ... en ville. • Marine ... au bord de la mer. • Les élèves ... ce matin. • Les oiseaux ... au printemps.

J'apprends

Le sujet

- Le **sujet** indique qui fait **l'action**. Il se trouve habituellement **devant** le verbe. Il **commande l'accord du verbe**.
- Le **sujet** peut être :
  – un **nom** → *Pierre* ***apprend*** *sa leçon.*
  – un **groupe nominal** → *Les amis de mon frère* ***jouent*** *dans la cour.*
  – un **pronom personnel** → *Je* ***mange*** *une pomme.*

Identifier le sujet du verbe dans la phrase

- Pour identifier le sujet du verbe dans la phrase, on pose la question : **Qui est-ce qui ... ?** ou **Qu'est-ce qui ... ?**
  Exemples : La petite fille dort dans son lit. → **Qui est-ce qui** dort dans son lit ?
  Les balles roulent. → **Qu'est-ce qui** roule ?
- Le **sujet** peut être **encadré par « c'est ... qui » ou « ce sont ... qui »**.
  Exemple : **C'est** la petite fille **qui** dort. **Ce sont** les balles **qui** roulent.
- Parfois, le **groupe nominal sujet** (GNS) peut être **remplacé** par les **pronoms** *il(s)* ou *elle(s)*.
  Exemple : La petite fille dort. → Elle dort.

Je m'exerce

11 * **Reformule la règle :**
Dans la phrase, le sujet indique ... . On peut facilement l'identifier dans la phrase en posant les questions ... ou ... .

Reconnaître le sujet

12 * **Pose la question pour trouver le sujet puis recopie le sujet.**
Exemple : Le cirque est magique.
*→ **Qu'est-ce qui** est magique ? → le cirque*
Les pigeons s'envolent. • Vous parlez anglais. • Le funambule marche sur un fil.

13 * **Transforme les phrases en encadrant le sujet par c'est ... qui ou ce sont ... qui.**
Exemple : Les araignées tissent leur toile.
*→ **Ce sont** les araignées **qui** tissent leur toile.*
- Les musiciens de la fanfare jouent dehors.
- L'autocar s'arrête devant la mairie.
- Mon équipe a gagné la coupe.

14 ** **Relève le sujet de chaque verbe souligné.**
La cloche sonne. Les élèves de CE2 se rangent. La maîtresse arrive. Les enfants se dirigent vers le préau. La répétition du spectacle commence. Les élèves montent une pièce de théâtre.

Remplacer le groupe nominal sujet par un pronom personnel

15 * **Récris les phrases en remplaçant le GNS par un pronom personnel : il, elle, ils ou elles.**
Exemple : Aline et Isabelle arrivent en retard.
→ Elles arrivent en retard.
- Le petit poisson est tout rouge.
- Maxime et Lilie sont amis.
- Le gros chat noir dort au soleil.
- Le cahier de français reste dans la case.
- Le manteau marron de Céline est abîmé.

Compléter des phrases avec un sujet

16 * **Complète les phrases avec les sujets suivants : tu – Kenza et Noémie – ils – je – le match.**
... partent à Moscou. • Ce soir, ... se font belles ! • ... mange une crêpe au chocolat. • ... regrettes son départ. • ... commence dans 10 minutes.

EXERCICES SUPPLÉMENTAIRES

SYNTHÈSE

17 * **Recopie les phrases. Souligne le verbe et encadre le sujet.**
- À la tombée de la nuit, les automobilistes allument leurs phares.
- Les tableaux de ce peintre sont très lumineux.
- Après la classe, la maîtresse corrige les cahiers des élèves.
- L'hippopotame barbote joyeusement dans la boue.

18 ** **Recopie le texte suivant. Souligne tous les verbes conjugués et encadre leur(s) sujet(s).**
Le grand jour du départ est arrivé. Les enfants disent au revoir à leur famille et montent dans le car. Ils s'installent à côté de leurs meilleurs copains pour dormir. Demain, ils seront à la montagne ! De nombreuses activités sont prévues durant ce séjour en classe de neige. Les enfants auront beaucoup de souvenirs à raconter. Ils ne seront pas déçus de leur séjour !

J'ÉCRIS

Employer des verbes et les accorder avec le sujet

19 * **Écris une phrase pour décrire ce que fait ce clown.**

20 ** **Écris au moins quatre phrases pour décrire la scène avec le clown.**
Pour t'aider : Où cela se passe t-il ? Que fait le personnage ? Etc.

Écrire une petite annonce

21 ** **Relis la petite annonce de Maxime à la fin du texte de la page 21. Tu vas écrire à ton tour une petite annonce !**

Les petites annonces
- Une petite annonce est un **petit texte** qu'une personne fait paraître **dans un journal**. C'est bien souvent payant.
- Le prix se calcule en fonction du nombre de mots utilisés. Pour payer moins cher, il faut donc écrire un **texte très court** ! Il faut écrire uniquement ce qui est IMPORTANT.

Pour t'aider :
Tu peux écrire une annonce :
– pour retrouver ta casquette toute neuve que tu as perdue samedi dernier à la fête foraine de Valenciennes...
– pour rencontrer des amis dans le nouveau quartier où tu vis maintenant...

DICTÉE PRÉPARÉE

Quand un cirque arrive dans une ville, il attire beaucoup de monde. Tous les animaux paradent dans les rues. Les clowns maquillés amusent les petits et les grands enfants.

Le nom

Histoires de dieux grecs

Autrefois, les Grecs vivaient en bonne intelligence avec les dieux immortels. Il n'était pas rare de voir un roi en grande conversation avec l'un d'eux. Souvent même, les dieux tombaient amoureux des femmes qui vivaient sur Terre. C'est ainsi que naquit Hercule, le héros le plus célébré de toute la Grèce.

Le petit Hercule n'était pas un enfant comme les autres. Dès sa naissance, il étouffa entre ses mains deux énormes serpents qui tentaient de le mordre et l'on vit bien qu'il était le fils de Zeus, le dieu des dieux. Sa mère était une mortelle à la beauté remarquable. Hercule grandit et sa force devint telle que l'on prit l'habitude de dire : « fort comme Hercule ».

D'après Nicolas CAUCHY, *Les douze travaux d'Hercule*, Éd. Gautier Languereau.

Je comprends

a. Cette histoire fait partie de :
- la mythologie grecque.
- la mythologie égyptienne.

b. De qui les dieux grecs tombaient-ils souvent amoureux ?

c. Quels animaux le petit Hercule tua-t-il dès sa naissance ?

d. Qui est Zeus ?

Je découvre

1 Par quoi commencent tous les mots en rouge dans le texte ? Pourquoi, à ton avis ?

2 Parmi les mots en rouge dans le texte, retrouve les deux noms qui désignent les personnages.

3 Parmi les mots en bleu dans le texte, retrouve ceux qui désignent des personnes.

J'apprends

Le nom

Le **nom** est un mot qui désigne une **personne**, un **animal** ou une **chose**.
Exemples : Isabelle, un garçon, un chien, Médor, un dictionnaire.

Les noms communs et les noms propres

Il existe deux catégories de noms :

- les **noms communs** : ils désignent une **personne**, un **animal** ou une **chose** en **général**. Ils sont accompagnés d'un **déterminant**.
  Exemples : le **cheval**, une **montagne**.
- les **noms propres** : ils s'écrivent avec une **majuscule** et indiquent le nom **particulier** d'une **personne**, d'un **animal**, d'un **pays**, d'une **ville**, d'un **peuple**, etc.
  Exemples : **É**va, **R**ex, la **F**rance, **B**ordeaux, les **G**recs...

Je m'exerce

4 * **Reformule la règle :**
Les noms désignent généralement une personne, un ... ou une chose. Les noms ... s'écrivent le plus souvent avec un déterminant. Les noms ... prennent une majuscule.

Reconnaître un nom

5 * **Relève les noms.**
le chat – le journal – une heure – arriver – Rachid – la Roumanie – sans – les – courir – ce lapin

6 ** **Relève les noms** : lion – pleurer – de – dormir – Égypte – la – table – Marc – actuellement – joli – fillette – semaine.

Reconnaître les noms propres et les noms communs

7 * **Classe les noms propres et les noms communs.**
Sabri – Lille – la chambre – les Alpes – la montagne – la campagne – la mer – un roi – le Maroc – la Méditerranée – Marseille – une fille

8 * **Trouve un nom propre pour chaque nom commun.**
Exemple : un pays → l'Angleterre.
une ville – un fleuve – un chanteur – un sportif – un peintre – un héros de dessin animé

9 * **Qui sont-ils ? Retrouve leur métier !**
Picasso → c'est un ... .
Hannah Montana → c'est une ... .
Barack Obama → c'est un ... .
Tony Parker → c'est un ... .

10 ** **Récris le texte et mets les majuscules aux noms propres.**
christophe colomb est né à gênes, en italie. Vers 1484, il prévoit de rejoindre l'asie en traversant l'atlantique. Son premier voyage débute en août 1492. Il découvrira finalement l'amérique. Ce grand explorateur est mort en espagne en 1506.

J'écris

11 * **Quel est ton chanteur ou ton sportif préféré ? Écris deux phrases pour le présenter. Tu dois employer au moins un nom propre et un nom commun.**

12 ** **Tu es fan d'un chanteur ou d'un sportif. Écris un petit texte pour le présenter :** dis qui il est, de quel pays il vient, ce qu'il aime faire ou manger.
Tu dois employer des noms communs et des noms propres.

Les déterminants

Le dauphin tucuxi

Le nom de ce tout petit cétacé se prononce « toukouchi ». Il fréquente les eaux côtières peu profondes et les eaux douces : à la saison des pluies, il s'enfonce dans la forêt inondée.

Avec sa tête ronde, son bec d'oie, sa bouche souriante et ses dents coniques, il ressemble beaucoup à un tursiops (autre espèce de dauphin). La couleur de la livrée[1] varie d'un individu à l'autre et pâlit avec l'âge.

D'après Renée LE BLOAS-JULIENNE, *Baleines et dauphins du monde*, Éd. Milan Jeunesse.

1. *la livrée* : la peau ou le pelage de l'animal.

À l'inverse de ses cousins d'eau douce, le tucuxi possède une véritable nageoire dorsale.

Je comprends

a. Où vit le dauphin tucuxi ?
- Il vit dans les eaux profondes de l'océan.
- Il peut vivre dans l'eau salée des océans et dans l'eau douce des rivières.

b. Comment appelle-t-on le pelage du dauphin ?

c. Quelle est la différence entre ce dauphin et d'autres dauphins d'eau douce ?

Je découvre

1 Recopie la phrase du texte qui dit pourquoi le dauphin tucuxi ressemble à un tursiops.

2 • Dans la phrase que tu as trouvée, entoure les mots en rouge. Quels mots accompagnent-ils ?
• Récris la phrase en supprimant les mots que tu as entourés. Ta phrase est-elle correcte ?

J'apprends

Les déterminants

- Un **déterminant** est un petit mot **placé devant le nom. Il ne peut pas être supprimé.**
  Exemples : **sa** tête – **sa** grosse tête.
- Le nom s'accorde **en genre** et **en nombre** avec le déterminant qui l'accompagne.
  Exemples : **une** dent (féminin, singulier) ; **des** dent**s** (féminin, pluriel).
- Les déterminants peuvent être :
  – des **articles** : ***les*** *cahiers*, ***la*** *couleur*, ***l'****aileron*, ***le*** *nom*, ***un*** *dauphin*, ***des*** *animaux*, ***une*** *machine*.
  – d'**autres déterminants** : ***sa*** *vie*, ***son*** *chat*, ***leur*** *balle*, ***ce*** *parc*.
- **Remarque :** Après les mots ***à*** et ***de***, on ne peut pas employer les articles *le* et *les* :
  à le devient *au* — *à les* devient *aux* — *de le* devient *du* — *de les* devient *des*

Je m'exerce

3 * **Reformule la règle :**
Le déterminant se trouve ... le nom. Il ne peut pas être ... . Le nom s'accorde en ... et en ... avec le déterminant qui l'accompagne.

Identifier les déterminants

4 * **Recopie ces groupes nominaux et entoure les déterminants.**
les noix fraîches – un long bec étroit – ses grands yeux – une glace appétissante – ses crayons verts – des élèves sérieux

5 ** **a. Recopie chaque groupe nominal souligné et entoure les déterminants.**
Le dauphin est <u>un redoutable prédateur</u>. Il repère <u>ses proies</u> grâce à <u>son sonar</u>. <u>Les baleines</u> aspirent <u>une grande quantité</u> d'eau pour trouver <u>leur nourriture</u>. Elles reviennent dans <u>les eaux chaudes</u> en hiver.

b. Classe les déterminants dans le tableau.

Articles	Autres déterminants
...	...

Utiliser les déterminants

6 * **Redonne son déterminant à chaque nom :** mon – un – tes – des – la – sa – ma – ton.
... sac – ... livres – ... cabane – ... feuilles – ... copain – ... fête – ... ville – ... matériel

7 * **Recopie les phrases en choisissant le bon déterminant.**
Exemple : (Un/~~une~~/~~les~~) nuage cache le soleil.
- Malgré sa taille immense, *(la/le/l')* paquet est léger.
- À *(son/sa/le)* naissance, un bébé mesure 50 centimètres.
- *(Le/ses/les)* enfants préfèrent les frites.
- Certains chiens enterrent *(sa/la/leur)* os dans le jardin.

8 ** **Recopie et complète le texte avec les déterminants suivants :** un – les – au – une – aux – le – des – une – au – le – sa – aux – le.
Au milieu d'... sombre forêt, dans ... caverne humide et grise, vivait ... monstre poilu. ... monstre avait des poils partout : ... nez, ... pieds, ... dos, ... yeux et ailleurs. Tous ... jours, il se postait sur ... seuil de ... caverne et disait, avec ... ricanements sinistres :
« – ... premier qui passe, je le mange ! »

D'après Henriette Bichonnier, *Le monstre poilu*, Éd. Gallimard.

J'apprends

Les différents déterminants

Le **choix du déterminant** permet de présenter un personnage, [...] de façon différente.

Nature du déterminant / Nom	*féminin singulier*	*masculin singulier*		
article défini	**la** tortue	**le** bateau	**les** crevettes	**les** coquillages
article indéfini	**une** tortue	**un** bateau	**des** crevettes	**des** coquillages
déterminant possessif	**ma**, **ta**, **sa**, **notre**, **votre**, **leur** tortue	**mon**, **ton**, **son**, **notre**, **votre**, **leur** bateau	**mes**, **tes**, **ses**, **nos**, **vos**, **leurs** crevettes	**mes**, **tes**, **ses**, **nos**, **vos**, **leurs** coquillages
autre déterminant	**cette** tortue	**chaque** bateau	**quelques** crevettes	**trois** coquillages

SYNTHÈS[...]

15 * R[...]

Att[...]

Je m'exerce

9 * **Reformule la règle :**

Il y a plusieurs sortes de déterminants : les articles ... (le, la, les, l'), les articles ... (un, une, des) et les déterminants ... (mon, ton, son...).

Identifier les déterminants

10 * **Pour chaque déterminant souligné, indique sa nature : article défini, article indéfini, déterminant possessif.**

- Le mardi, nous allons à la piscine.
- Sa grand-mère est rigolote.
- Billal a une tache sur son pull.
- C'est un terrible chasseur.
- Bastien adore les légumes !
- Sarah invite des copines.

11 ** **Recopie les déterminants en gras et indique leur nature.**

Le dauphin blanc et bleu

Il se déplace en faisant **des** bonds à **la** surface de **l'**eau. **Sa** livrée est très belle et **son** bec est très allongé. C'est **un** excellent acrobate. Il est chassé pour **sa** chair depuis **des** siècles. Il est souvent pris accidentellement dans **les** filets de pêche.

Utiliser les déterminants

12 * **Écris chaque nom avec deux déterminants de ton choix.**

*Exemple : cahier → **mon** cahier, **un** cahier.*

cartable – carnet – trousse – billes – souris

13 ** **Complète avec des déterminants possessifs.**

- Nous ouvrons ... cartable et sortons ... affaires pour travailler.
- Lolita, mets ... lunettes !
- Ils font ... devoirs.
- Je prends ... goûter au centre de loisirs.
- Mon petit frère ne finit jamais ... assiette.
- À ... marques, prêts, partez !

14 ** **Transforme ces phrases en remplaçant je par il.**

Exemple : Je mets mes lunettes de soleil.
*→ **Il** met ses lunettes de soleil.*

- Je prends mon bateau pour aller observer les tortues marines. J'enfile mes bottes noires et mon ciré jaune.
- J'ai deux poissons dans mon aquarium : un rouge et un bleu. Mon préféré, c'est le bleu.

EXERCICES SUPPLÉMENTAIRES

egarde bien les noms et écris un déterminant qui convient.
ention aux accords !
. livre – ... cadeaux – ... robe – ... gants – ... tortues – ... pantalons – ... toile d'araignée – ... pain doré – ... casquettes jaunes – ... fruits frais

16 ** **Retrouve tous les déterminants présents dans le texte et classe-les dans le tableau.**
Les poissons sont des animaux aquatiques : ils vivent sous l'eau. Généralement, ils pondent des œufs pour se reproduire. Le dauphin et la baleine ne sont pas des poissons : ces gros animaux donnent naissance à leurs petits. Le bébé dauphin grandit dans le ventre de sa mère et non dans un œuf.

articles définis	articles indéfinis	déterminants possessifs	autres déterminants
...	...	...	...

J'écris

Employer des déterminants

17 * *Pourquoi les éléphants ont-ils une trompe ?*
Invente quatre réponses sérieuses ou amusantes pour répondre à cette question. Emploie au moins un déterminant possessif.

Pour t'aider :
- Ils caressent ...
- C'est pour ... oreilles.
- Pour attraper ...

18 ** *Pourquoi les lapins ont-ils de grandes oreilles ?*
Invente au moins quatre réponses sérieuses ou amusantes pour répondre à cette question.
Tu peux parler par exemple de leur manière de communiquer, de se déplacer, de s'amuser, de se nourrir…

Écrire la légende d'un dessin

19 ** a. **Découvre les fonds marins en plongeant ! Complète la légende de ce dessin en indiquant le nom de chaque accessoire de ce plongeur.**
un masque – des palmes – une combinaison de plongée – des bouteilles d'air comprimé – une lampe sous-marine

b. **À ton avis, à quoi sert chaque élément de cet équipement ? Réponds en faisant une phrase à chaque fois.**

Dictée préparée

On peut observer les mammifères marins en partant sur l'océan à bord d'un bateau. Grâce à son équipement, le plongeur peut rester longtemps dans l'eau et approcher ces animaux.

Le groupe nominal

Alceste a été renvoyé

Il est arrivé une chose terrible à l'école : Alceste a été renvoyé ! Ça s'est passé pendant la deuxième récré du matin.

Nous étions tous là à jouer à la balle au chasseur, vous savez comment on y joue : celui qui a la balle c'est le chasseur ; alors, avec la balle il essaie de taper sur un copain et puis le copain il pleure et devient chasseur à son tour. C'est très chouette. Les seuls qui ne jouaient pas, c'étaient Geoffroy, qui est absent ; Agnan, qui repasse toujours ses leçons pendant la récré, et Alceste, qui mangeait sa dernière tartine à la confiture.

Alceste garde toujours sa plus grande tartine pour la deuxième récré, qui est un peu plus longue que les autres. Le chasseur c'était Eudes, et ça n'arrive pas souvent : comme il est très fort, on essaie toujours de ne pas l'attraper avec la balle, parce que quand c'est lui qui chasse, il fait drôlement mal. Et là, Eudes a visé Clotaire, qui s'est jeté par terre avec les mains sur la tête ; la balle est passée au-dessus de lui, et bing ! Elle est venue taper dans le dos d'Alceste qui a lâché sa tartine, qui est tombée du côté de la confiture. Alceste, ça ne lui a pas plu ; il est devenu tout rouge et il s'est mis à pousser des cris ; alors, le Bouillon – c'est notre surveillant – il est venu en courant pour voir ce qui se passait.

SEMPÉ/GOSCINNY, *Les récrés du petit Nicolas*, Denoël, 1960, 2002.

Je comprends

a. **Que s'est-il passé à l'école ?**

b. **Réponds par vrai ou par faux.**
- Les enfants jouaient à la balle au prisonnier.
- C'est Alceste qui a visé Eudes.
- Alceste est un garçon gourmand.
- Agnan est un élève sérieux.

c. **Qui était absent ce jour-là ?**

Je découvre

1 **Eudes ne rate jamais sa cible, les autres enfants le craignent. Quels sont les groupes de mots qui correspondent au caractère d'Eudes ?**
- un gentil chasseur.
- un redoutable chasseur.
- un chasseur de poules mouillées.
- un chasseur fort et puissant.

2 **Récris la phrase suivante en essayant de supprimer les mots en bleu.**
La balle est passée au-dessus de lui.
Ta phrase a-t-elle du sens ?

3 **Récris la phrase suivante en essayant de supprimer le plus possible de mots en rouge.**
Alceste mangeait **sa dernière tartine à la confiture**.

J'apprends

Le groupe nominal

- Dans une phrase, le **nom** est souvent employé avec d'autres mots. L'ensemble de ces mots s'appelle le **groupe nominal** ou **GN**.
- Le **groupe nominal minimal** peut être formé :
  – d'un **nom propre employé seul** : *Nicolas* (nom), *Claire* (nom).
  – d'un **déterminant** et d'un **nom** : *sa* (déterminant) *tartine* (nom), *la* (déterminant) *balle* (nom).
- Dans un groupe nominal, on ne peut supprimer ni le déterminant, ni le nom.

Je m'exerce

4 * **Reformule la règle :**
Le groupe nominal minimal est formé d'un déterminant et d'un … .

Reconnaître un groupe nominal minimal

5 * **Recopie le groupe nominal pour chacune des phrases suivantes.**
- Les enfants jouent.
- La classe est vide.
- Alexandra arrive.
- J'efface le tableau.
- Le soleil brille.
- Il mange son goûter.
- L'heure passe.
- Camille mange.
- Elle aime porter des robes.

6 * **Pour chaque GN, indique si le mot souligné est le nom (N) ou le déterminant (D).**
les mathématiques – la France – la grammaire – l'Italie – une trousse – chaque élève – Benjamin – cette règle – mon frère

7 ** **Recopie les GN. Entoure le nom.**
- Moi, je préfère les récréations !
- La maîtresse efface le tableau.
- L'heure passe vite quand la leçon est intéressante.
- Les élèves sont bruyants à la cantine.

Former un groupe nominal

8 * **Associe chaque déterminant au nom qui convient.**
- le – la – l' – les
- craie – copains – vélo – arbre

9 * **Forme un GN en écrivant un déterminant devant chaque nom.**
livre – stylos – manuel – fichier – crayons – feutres – gomme – trousse – case – pupitre

10 ** **Récris chaque annonce en ajoutant les déterminants qui ont été supprimés.**
Exemple : « Jeune femme cherche enfants à garder. » → Une jeune femme cherche des enfants à garder.
- « Jeune fille cherche amies pour jouer. »
- « Jeune garçon cherche jouets anciens pour collection. »
- « Jeune fille échange poupées contre autocollants. »

11 ** **Complète par un GN de ton choix.**
Exemple : Nathan joue …
→ Nathan joue aux billes.
- J'aime beaucoup aller à …
- Les élèves attendent la fin de … pour monter en classe.
- … regardent souvent des dessins animés.
- … aime beaucoup les objets roses.

J'apprends

Le nom, noyau du groupe nominal

Le **nom principal** du GN s'appelle le **noyau**.

Exemple :

un	<u>chat</u>	marron
déterminant	nom principal	adjectif

Compléter un groupe nominal

- D'autres mots peuvent agrandir le GN minimal :

– un ou plusieurs **adjectifs** :

un	**gros**	<u>chat</u> ;	un	**gros**	<u>chat</u>	**marron**
déterminant	adjectif	nom	déterminant	adjectif	nom	adjectif

– un **adverbe** et un **adjectif** :

un	**très**	**gros**	<u>chat</u>
déterminant	adverbe	adjectif	nom

– un **complément du nom** :

un	<u>chat</u>	**de gouttière**
déterminant	nom	complément du nom

- Adjectifs et compléments du nom peuvent être supprimés du GN.

Je m'exerce

12 * **Reformule la règle :**
Le groupe nominal peut être ... avec des adjectifs, des adverbes ou un complément du nom.

Reconnaître le groupe nominal et son noyau

13 * **Écris le GN minimal.**
Exemple : ma petite sœur → ma sœur.
mon frère aîné – les élèves de CE2 – une vieille dame aux cheveux gris – un pantalon en velours – ses grandes cousines – la tarte aux fraises

14 * **Le nom noyau du GN est souligné. Recopie et encadre le GN complet.**
Exemple : La cour de récréation est très grande.
→ [La <u>cour</u> de récréation] est très grande.
Les <u>élèves</u> de CM2 sont les plus grands. • Le <u>déjeuner</u> de la cantine n'est pas souvent appétissant. • Maman me prépare toujours un bon <u>goûter</u>. • J'adore les grandes <u>tranches</u> de pain beurrées.

15 * **Recopie chaque groupe nominal et souligne le nom noyau.**
Exemple : un énorme pain au chocolat
→ un énorme <u>pain</u> au chocolat.
des billes multicolores – un stylo bleu – un grand cerceau vert – un jeu de quilles – une craie blanche – une grosse balle en mousse – une chaise en bois – un jeu de cartes – un petit gobelet en plastique

16 ** **Recopie les groupes nominaux. Souligne le nom noyau.**
La maman de Kévin est très gentille. Kévin peut inviter dix copains pour sa fête d'anniversaire ! Sa maman est une excellente pâtissière. Elle sait préparer un délicieux gâteau aux poires.

Compléter un groupe nominal

17 * **a. Agrandis les GN avec un ou plusieurs adjectifs de la liste suivante : petit, sérieux, triste, énervé, jeune, méchant, marron, usé.**
le chien – un fauteuil – un élève
b. Complète tes GN par un complément du nom de la liste suivante : de CM2, en cuir, de la voisine.

18 ** **Agrandis les GN suivants avec un adjectif et un complément du nom de ton choix.**
un manteau – un cartable – une copine – un ami

EXERCICES SUPPLÉMENTAIRES

SYNTHÈSE

19 (*) **Recopie les phrases suivantes et souligne les groupes nominaux.**

- Jules participe au cross de l'école.
- Dans la cour de récréation, Eudes a visé Clotaire.
- Le prénom de la maîtresse est Géraldine.
- La tarte aux fraises de tante Alice est délicieuse.
- La pêche jaune est un fruit d'été.

20 (**) **Invente deux groupes nominaux différents avec chacun des mots suivants :**

- équipe
- lionne
- ballons
- tableau
- rapides
- sucrée

J'ÉCRIS

Employer des groupes nominaux

21 (*) **Lis ou relis le texte « Alceste a été renvoyé », page 31. Voilà ce qui s'est passé ensuite :**

Le Bouillon a marché sur la tartine d'Alceste, Alceste s'est mis très en colère et lui a manqué de respect.

Agrandis les groupes nominaux suivants et emploie-les dans un petit texte pour raconter la fin de l'histoire : le directeur – les parents – une punition.

22 (**) **Raconte ou invente une petite aventure que tu peux vivre dans la cour de récréation : une partie de foot, un jeu de cartes…**
Emploie des groupes nominaux simples et des groupes nominaux agrandis.

Écrire une règle de jeu

23 (**) **À quels jeux joues-tu à la récré ? Saurais-tu en expliquer les règles ?**
Le petit Nicolas explique les règles du jeu « la balle au chasseur » :

Vous savez comment on y joue : celui qui a la balle c'est le chasseur ; alors, avec la balle il essaie de taper sur un copain et puis le copain pleure et devient chasseur à son tour. C'est très chouette.

Une règle de jeu

Elle explique la manière **dont il faut jouer** et ce qui permet de gagner ou de perdre…
Il faut indiquer :
- le titre du jeu,
- le nombre de joueurs,
- le matériel,
- le lieu où l'on peut jouer,
- le but du jeu,
- comment gagner.

Choisis un des jeux auxquels tu joues pendant la récréation (balle au prisonnier, chat perché, etc.) et écris la règle de ce jeu.

DICTÉE PRÉPARÉE

Dans ma trousse d'écolier, il y a des feutres fins, des crayons de couleur, un stylo bleu, un taille-crayon à réservoir, des ciseaux à bouts ronds… Tout le matériel scolaire nécessaire pour bien travailler !

L'adjectif qualificatif et son accord

Mon hamster

Ses oreilles fines et délicates sont recouvertes d'un fin duvet. Elles assurent au hamster une ouïe[1] très sensible : certains bruits excessifs, comme les hurlements, la télévision ou une chaîne hi-fi à plein volume, le dérangent beaucoup ; il suffit d'ailleurs d'observer l'animal pour s'en rendre compte.

Son museau est doté de très longues moustaches appelées vibrisses, qui bougent continuellement pendant que le hamster hume l'air. Elles représentent un excellent organe de tact[2], très utile pour repérer les obstacles quand le petit rongeur bouge dans l'obscurité. L'odorat également est très développé et sert aussi bien à chercher la nourriture qu'à éloigner les ennemis.

Il a des pattes courtes. Ses pattes antérieures sont dotées de quatre petits doigts qui servent à attraper la nourriture pour la porter à la bouche et à aider l'animal dans les opérations de toilettage. Il se lève sur ses pattes postérieures pour regarder autour de lui.

B. TENEREZZA, *Mon … hamster*, Éd. De Vecchi.

1. *ouïe* : un des cinq sens. Il permet d'entendre.
2. *organe de tact* : permet de toucher, et de ressentir la chaleur, la douleur…

Je comprends

a. Le hamster ne supporte pas :
- les bruits excessifs.
- les bruits légers.

b. Dans le texte, quels sont les bruits cités ?
Trouves-en d'autres du même genre.

c. À quoi servent les moustaches du hamster ?

Je découvre

1 Comment sont les pattes du hamster ? Quel mot te permet de le dire ?

2 Trouve le nom auquel se rapporte chaque mot en rouge ou en bleu.
Que remarques-tu ?

3 Relève l'adjectif qui qualifie l'ouïe du hamster.

j'apprends

L'adjectif qualificatif

- L'**adjectif qualificatif** donne des **précisions**, des **informations sur le nom qu'il accompagne**.
  Exemples : un animal **petit** ; des pattes **courtes**.
- Parfois, **plusieurs adjectifs se rapportent à un seul nom**.
  Exemple : des oreilles **fines** et **délicates**.
- L'adjectif qualificatif peut être placé **avant** ou **après** le **nom**.
  Exemples : un **petit** animal ; un animal **petit**.

je m'exerce

4 * **Reformule la règle :**
L'adjectif qualificatif permet d'apporter des ... sur le nom qu'il accompagne.
Il peut être placé ... ou ... le nom.

Reconnaître l'adjectif qualificatif

5 * **Recopie chaque GN, souligne le nom et entoure l'adjectif.**
la maîtresse énervée – un grand jardin – des chiens apeurés – une maison rénovée – des joueuses essoufflées – des guirlandes rouges et lumineuses – un bel immeuble

6 * **Dans ces phrases, recopie les adjectifs avec le nom qu'ils qualifient.**
- Le chat gris traverse la rue déserte.
- Les petits hamsters sont dans leur cage.
- Papa doit rentrer les chaises et la grande table car un orage violent se prépare.
- Tom a les cheveux roux et courts.
- Après ce long match, les joueurs fatigués rentrent rapidement dans le vestiaire.

7 ** **Chasse les intrus : quels mots ne sont pas des adjectifs ? Justifie ta réponse.**
naturel – plage – roue – avoir – joli – plaisir – boire – grand – cheval – de – lune – agréable – rouge – vélo – feuille – plein – volant – long – dessin – neuf – note – martien – gourmand – arbre – épais – ville – ski – fin – froid

8 ** **Recopie le texte. Entoure les adjectifs et souligne les noms qu'ils qualifient.**
Les abajoues latérales sont particulières au hamster. Ces poches internes aux joues servent au hamster à faire des réserves. Les abajoues vides ne se remarquent pas. Une fois remplies, le hamster y transporte d'importantes quantités de nourriture.

Utiliser un adjectif qualificatif

9 ** **Complète ce texte avec les adjectifs qualificatifs suivants : petits, longs, nocturne, brusques.**
Le hamster est un animal ... . Ses ... yeux lui donnent une mauvaise vue. Il perçoit cependant très bien les mouvements ... . C'est un animal à poils ... .

10 ** **Recopie et complète les phrases avec les adjectifs qualificatifs suivants : ensoleillé – cuits – passionnants – nouvelle – long – divertissants.**
- Le hamster mange des légumes ... .
- Manon mettra sa ... robe pour sa fête d'anniversaire.
- Les films d'aventures sont toujours ... et ... !
- Comme cet hiver est ... ! J'espère que nous aurons un été ... !

J'apprends

L'accord de l'adjectif qualificatif

L'adjectif qualificatif s'accorde en **genre** (féminin / masculin) et en **nombre** (singulier / pluriel) **avec le nom** auquel il se rapporte.

Le féminin des adjectifs

On ajoute un **-e** pour **former le féminin** de l'adjectif qualificatif.

Exemple : un aliment différent → une alimentation différente.

Le pluriel des adjectifs

On forme le **pluriel** des adjectifs qualificatifs de différentes manières :

- en ajoutant un **-s** :
  Exemple : du pain sec → des pains secs.
- en ajoutant un **-x** pour les adjectifs se terminant par **-eau** :
  Exemple : un élève nouveau → des élèves nouveaux.
- en remplaçant la terminaison **-al** par **-aux** :
  Exemple : un abreuvoir vertical → des abreuvoirs verticaux.

Je m'exerce

11 * **Reformule la règle :**
L'adjectif qualificatif s'accorde en ... et en ... avec le ... auquel il se rapporte.

Reconnaître le genre et le nombre des adjectifs

12 * **Complète chaque groupe nominal avec l'adjectif correctement accordé.**

- des mains (*fine / fines*)
- des fruits (*fraîche / frais*)
- une mangue (*vert / verte*)
- de (*belle / beaux*) sapins

13 * **Dans le texte suivant, relève tous les adjectifs et indique leur genre et leur nombre.**
Il faut brosser régulièrement le manteau épais du hamster à poils longs, ceci afin de lui assurer une hygiène parfaite mais aussi de le débarrasser des éventuels poils morts. On peut utiliser à cet effet des brosses douces.

Accorder l'adjectif en genre et en nombre

14 * **Écris chaque groupe nominal au féminin.**

- un vent violent → une tempête ...
- un livre ouvert → une trousse ...
- un cheval noir → une vache ...
- un bouquet blanc → une fleur ...

15 * **Mets à chaque adjectif la terminaison qui convient : -s, -x, -aux.**
des sacs lourd... – des parents heureu... – de beau... cadeaux – des départs matin... – des croissants chaud... – des états gripp...

16 ** **Complète les phrases avec les adjectifs entre parenthèses. Attention aux accords.**

- Léo habite dans une maison ... et .... (*grand / blanc*)
- Nous avons ramassé des fruits ... : de ... mûres et des fraises .... (*rouge / gros / juteux*)
- Les histoires ... sont les moins .... (*court / ennuyeux*)
- J'ai loué le DVD de ce film .... Ma ... cousine veut aussi le regarder. (*amusant / petit*)

17 ** **Accorde les adjectifs dans le texte.**
Dans la nature, les activités (*principal*) du hamster consistent à creuser de (*long*) terriers. En cage, une (*petit*) roue lui permettra de faire sa gymnastique, et un tunnel (*adapté*) pourra lui rappeler les galeries (*sous-terrain*). Ainsi il pourra parcourir d'(*important*) distances comme dans la nature.

EXERCICES SUPPLÉMENTAIRES

SYNTHÈSE

18 * **Recopie ce texte et remplace tous les adjectifs par leur contraire.**
Attention aux accords.

Pendant les grandes vacances, nous allons chez ma grand-mère. Elle prépare de belles tartes aux pommes. Nous sommes toujours heureux d'aller chez elle. Elle sort la tarte chaude du four à l'heure du goûter. Nous repartons de là-bas les poches pleines de bonbons. Je garde de bons souvenirs de ces moments riches en émotions.

19 ** **Recopie et complète ce texte avec des adjectifs de ton choix.**
Attention aux accords.

Piaf est un ... oiseau jaune. Aujourd'hui, il apprend à voler. Il se jette dans le vide, passe devant le ... hibou qui se repose sur sa ... branche. Puis devant le ... pivert qui lui dit de battre des ailes plus fort. Sous lui, Piaf aperçoit le renard ..., la gueule ouverte avec de ... dents. Alors Piaf se met à battre des ailles et hop, il s'envole !

J'ÉCRIS

Employer des adjectifs qualificatifs

20 * **Choisis quatre adjectifs parmi ceux de la liste suivante. Emploie-les dans deux phrases afin de décrire ce cheval.**

marron – léger – gracieux – gris – lent – beau – rapide – noble

21 ** **Décris le cheval en quelques phrases. Tu dois employer au moins un adjectif au féminin et un adjectif au pluriel.**

Exemple : Ce beau cheval a des oreilles noires.

Décrire un animal

22 ** **Lis la description du hamster (texte p. 35). Saurais-tu faire de même pour décrire ton animal préféré ?**
Trouve des mots de vocabulaire sur cet animal puis décris-le en quelques phrases. Tu peux chercher des informations dans ton dictionnaire.

Exemple : pour un chien → poils, babines, écuelle, aboyer, jouer, fidèle...

Décrire un animal

Pour **faire le portrait d'un animal**, on décrit :
- le **physique**, les **parties du corps** (les poils, les griffes, la taille, la couleur...) ;
- le **cri** (un aboiement, un rugissement...) ;
- comment **vit** cet animal (dans un grand terrier...) ;
- comment il **se déplace** (il vole, il nage...) ;
- comment il **se nourrit** (il mange des plantes, d'autres animaux..., il a un bec...).

N'oublie pas de chercher une **photo** de cet animal pour illustrer ton texte.

DICTÉE PRÉPARÉE

Enfant, je rêvais souvent de grands galops sur mon cheval. Mon rêve est réalisé puisque maintenant mon beau cheval m'emporte souvent au gré du vent.

Le complément du nom

Fabrique un thermomètre !

L'eau est formée de minuscules grains, appelés « molécules ». Ils sont si petits qu'on ne peut pas les voir. Mais, plus il fait chaud, plus ils bougent. Ils ont alors besoin de plus de place. Puisque la taille de la bouteille reste la même, ils n'ont qu'une solution pour gagner de la place : monter dans la paille. C'est pourquoi, lorsqu'il fait chaud, le niveau d'eau monte ; et lorsqu'il fait froid, il descend.

Matériel : une bouteille en verre • une paille • de la pâte à modeler • de l'eau • un feutre

1. Malaxe la pâte à modeler pour la ramollir. Roule-la en un petit boudin, puis enroule-le autour de la paille pour faire un bouchon.

2. Remplis entièrement la bouteille d'eau. Enfonce le bouchon en pâte dans la bouteille. De l'eau monte alors dans la paille. Enfonce-le jusqu'à ce que l'eau arrive à mi-hauteur de la paille.

3. Avec le feutre, marque le niveau de l'eau. Mets la bouteille au soleil ou sur un radiateur pendant une heure. Marque de nouveau le niveau de l'eau. Est-il le même ?

4. Mets la bouteille au réfrigérateur pendant une heure. Que devient le niveau de l'eau ?

Emmanuel BERNHARD, *La météo*,
Éd. Mango jeunesse.

je COMPRENDS

a. Ce texte est : une recette de cuisine • un roman policier • une fiche technique de fabrication.

b. Réponds par vrai ou par faux.
- Il y a six étapes de fabrication.
- Parmi le matériel nécessaire, il faut une paire de ciseaux.
- On appelle « molécules » les minuscules grains qui forment l'eau.
- Il faut mettre la bouteille au four.

c. Que devient le niveau de l'eau quand la température monte ?

je DÉCOUVRE

1 **Lis les groupes de mots en couleur. Quelle partie ne peux-tu pas enlever ?**

2 **Dans les groupes de mots en couleur, quel petit mot relie le nom à son complément ?**

3 **Associe chaque nom à son complément.**

La vie…	…de course.
La cage…	…à la crème.
La voiture…	…aux lions.
La tarte…	…à la campagne.

J'apprends

Le complément du nom

- Le **complément du nom** est un mot ou un groupe de mots qui **donne des précisions sur le nom**. Il fait partie du groupe nominal.
- Le complément du nom est **introduit** par un petit mot appelé **préposition**.
  Exemples : une canne à **pêche**, un carnet de **santé**, un ours en **peluche**.

Je m'exerce

4 (*) **Reformule la règle :**
Le complément du nom est un ... ou un ... qui ... un nom. Il est introduit par une ... (*un gâteau de riz*).

Identifier un complément du nom

5 (*) **Recopie ces phrases, souligne les noms et entoure les compléments du nom.**
- Notre machine à pain est cassée.
- Le sommet de la montagne est enneigé.
- Pour Noël, j'ai reçu un collier de perles.
- Nous devons réparer cette table en bois.
- Je promène le chien de Louis.

Former un complément du nom

6 (*) **Complète avec la préposition qui convient : de, à, en...**
l'arbitre ... touche – la machine ... laver – des traces ... pas – le conseil ... ministres – une scie ... métal – une voiture ... course

7 (**) **Complète avec un complément du nom.**
un ver ... – un ballon ... – une poêle ... – un sac ... – un bateau ... – un livre ... – la gare ... – un DVD ... – une boîte ... – un téléphone ...

Utiliser un complément du nom

8 (*) **Recopie ces phrases avec les compléments du nom suivants : de feuilles – de grand-mère – du supermarché – au yaourt.**
- Sur le parking ..., il y a du monde.
- Un tas ... recouvre le trottoir.
- J'ai trouvé dans un livre ... la recette du gâteau ... .

9 (**) **Récris les phrases en ajoutant un complément du nom au nom en gras.**
- Ma **trousse** ... est sur la table.
- Dans la **salle** ..., les gens mangent du pop-corn.
- La **chambre** ... n'est pas bien rangée.
- Ce **pantalon** ... est trop court.

J'écris

10 (*) **Mets les groupes de mots dans l'ordre puis rédige la liste des ingrédients de la pâte à crêpes.**
250 g de farine – de poule – 50 g de beurre – de sel – 4 œufs – 1 pincée – de blé – de vache – 50 cl de lait
Pour démarrer : *Pour faire de la pâte à crêpes, il faut ...*

11 (**) **Observe le tableau. Décris-le en deux phrases en utilisant au moins les deux mots suivants et en les complétant par des compléments du nom : table, porte.**

Les pronoms personnels

Dur d'être toujours le plus petit !

Alex a 10 ans, c'est le plus petit de la famille. Il rêve d'avoir son propre téléphone portable, comme son grand frère...

Mon frère, il exagère ! Il veut me commander, il se prend pour le chef. Il m'interdit d'entrer dans sa chambre et il écoute ses musiques débiles. Il n'a plus envie de jouer avec moi. C'est à peine s'il me voit. Il a même un téléphone portable et il ne veut jamais que j'y touche. Il l'agite devant mon nez, exprès pour m'énerver. Quand j'en ai demandé un à mes parents, ils ont ri. « On verra quand tu seras un peu plus vieux ! »

Je suis toujours le petit. On ne me laisse rien faire tout seul. Ma mère ne veut même pas que je descende jouer en bas de l'immeuble. Elle a toujours peur qu'il m'arrive quelque chose. Je me demande si quelqu'un ici réalise que je viens d'avoir dix ans. C'est fini les âges avec un chiffre. Je suis passé dans le camp des grands mais personne ne s'en aperçoit. À force de les entendre, quelquefois, j'ai peur de rester toujours petit, même quand j'aurai grandi.

Catherine LEBLANC, *Appuie sur la touche étoile*, Éd. Oskar Jeunesse, 2007.

Je comprends

a. Qui raconte cette histoire ?
un petit garçon • un adulte

b. Qui possède un téléphone portable et écoute toujours des « musiques débiles » ?

c. Réponds par vrai ou par faux.

- Les parents d'Alex vont lui offrir un téléphone portable.
- Les parents d'Alex trouvent que leur fils est encore trop petit.
- La mère d'Alex a toujours peur pour lui.
- La mère d'Alex le laisse jouer seul en bas de l'immeuble.

Je découvre

1 Lis les phrases suivantes. Qui se cache derrière les mots soulignés ? Alex • Le grand frère • Les parents

- Je viens d'avoir dix ans.
- Ils ont ri.
- Il se prend pour le chef.

2 Dans le texte, les mots en bleu sont :
des noms • des pronoms personnels • des verbes.

3 Récris les phrases suivantes en remplaçant les groupes nominaux soulignés par les pronoms il, elle ou ils :

Ma mère est très gentille.
Mon grand frère se moque de moi.
Mes parents n'achèteront jamais de téléphone portable.

J'apprends

Les pronoms personnels

- **Je / j', tu, il, elle, on, nous, vous, ils, elles** sont des **pronoms personnels**.
  Lorsqu'ils sont sujets, ils **déterminent la terminaison du verbe conjugué**.
  Exemples : **Ils** arrivent. **Tu** dis des bêtises !

	singulier	**pluriel**
1re personne	je	nous
2e personne	tu	vous
3e personne	il, elle, on	ils, elles

- Les pronoms peuvent **remplacer un nom** ou **un groupe nominal sujet**. Ils évitent les répétitions.
  Exemple : Éva apprend la musique. Éva joue de la flûte.
  → Éva apprend la musique. **Elle** joue de la flûte.
- Pour **remplacer un sujet** comportant des noms masculins et des noms féminins, on emploie **ils**.
  Exemple : Le chat et la souris s'amusent. → **Ils** s'amusent.

Je m'exerce

4 * **Reformule la règle :**
Les pronoms personnels sujets sont : je / j', tu, ...
Ils déterminent la ... du verbe conjugué.

Conjuguer le verbe avec les pronoms personnels

5 * **Recopie en choisissant le pronom personnel qui convient.**
- (*Vous / Nous*) aimons la montagne.
- (*Il / Ils*) lisent un livre.
- (*Tu / Je*) vas à l'école.
- (*Ils / Il*) fait ses devoirs.

6 ** **Recopie et complète avec le pronom qui convient : je, j', vous, ils ou elles.**
... travaillez vite. • ... ai un beau stylo. • ... étaient cousines. • ... préféreront jouer au foot. • ... déteste les épinards et les artichauts.

Utiliser les pronoms personnels

7 * **Trouve par quel pronom personnel tu peux remplacer chaque groupe nominal sujet : il, elle, ils ou elles.**
- Les filles aiment la couleur violette.
- Mon chien s'appelle Microbe.
- Les élèves mangent à la cantine.
- La maîtresse a une jolie robe.

8 ** **Complète les phrases avec le pronom personnel sujet qui convient.**
- Jeanne et Héloïse vont à la piscine : ... ont pris leur bonnet de bain.
- Florian et Zoé se chamaillent : ... veulent tous les deux le même jouet.
- La fourmi et la coccinelle sont des insectes, ... ont toutes les deux six pattes.

9 ** **Recopie et complète avec les pronoms qui conviennent : je, il, on ou ils.**
Mon frère ne va pas être content, ... n'aime pas que ... lui emprunte ses affaires. Pourtant, quand on était petit, ... s'entendait bien tous les deux ! Les parents croient toujours ce qu'... raconte. ... écoutent ses mensonges.

10 ** **Récris le texte suivant en mettant les phrases dans l'ordre. Aide-toi des pronoms personnels.**
La photo de classe. • « C'est fini ! Vous pouvez bouger. » • Ils doivent se mettre devant les grands. • Le photographe est arrivé. • Il demande à tout le monde de sourire. • Nous pouvons repartir en classe. • Il place les petits d'abord.

J'apprends

Les pronoms personnels pour indiquer qui parle

Dans un **dialogue**, les pronoms **je**, **tu**, **nous** et **vous** désignent des personnes qui parlent entre elles :

- **Je** et **nous** désignent les **personnes qui parlent.**
  Exemples : « Je peux prendre un mouchoir ? » demande Noé. (Je = Noé)
  « Nous sommes prêtes ! » répondent les filles. (Nous = les filles)
- **Tu** et **vous** désignent les **personnes à qui l'on parle.**
  Exemples : « Tu veux venir avec nous ? » demande Kévin à Nassim. (Tu = Nassim)
  « Vous avez bien travaillé ! » dit la maîtresse à ses élèves. (ses élèves = Vous)
- **Moi + d'autres personnes** peut être remplacé par **nous.**
  Exemple : Anissa, Karim et moi, nous allons au cinéma.
- **Toi + d'autres personnes** peut être remplacé par **vous.**
  Exemple : Ta sœur et toi, vous rangerez votre chambre.

Je m'exerce

11 * **Reformule la règle :**
... et ... indiquent les personnes qui parlent.
... et ... sont les personnes à qui l'on parle.

Reconnaître les personnes

12 * **Recopie et entoure le nom des personnes qui parlent en rouge et le nom des personnes à qui l'on parle en bleu.**
- « Je mange à la cantine », dit Enzo à la maîtresse.
- « Nous rentrerons très tard ce soir », disent papa et maman à la baby-sitter.
- « Voulez-vous jouer avec moi ? », demande Sofia à Matteo et à Flavien.
- « Viendras-tu à mon anniversaire ? », demande Baptiste à Charles.

13 ** **Indique qui est désigné par les pronoms soulignés.**
- « Tu vas lire la leçon de la page 34 », dit la maîtresse à Tina.
- « Je ne supporte plus Maxime », se plaint Nathalie.
- « Nous adorons les spaghettis ! », disent Billal et Zora à leurs parents.
- « Vous rangerez votre chambre avant de sortir ! » ordonne maman aux garçons.

Utiliser les pronoms personnels

14 * **Recopie les phrases avec le bon pronom et la bonne terminaison du verbe.**
- Amir et toi, (*nous / vous*) écriv(*ons / ez*) vite !
- Océane, Kévin et moi, (*nous / vous*) part(*ons / ez*) en colonie.

15 ** **Complète avec les pronoms nous ou vous et écris la terminaison du verbe (-ons ou -ez).**
- Anne, Karim et moi, ... aim... la natation.
- Papa et toi, ... dessin... bien.
- Mon ami et moi, ... all... au judo ensemble.
- Demain, Jules et toi, ... apporter... vos affaires de rugby.

16 ** **Recopie et complète le dialogue en employant je / j', tu, elle, nous et vous.**
Le médecin demande à Samira : « Où as-... mal ? »
Samira répond : « ... ai mal au ventre. »
Le médecin demande : « ... avez mangé quelque chose de spécial ? »
Maman répond : « ... sommes allées au restaurant. Samira a mangé trois desserts ! »
Le médecin dit à maman : « Votre fille a simplement besoin de digérer. ... a trop mangé ! »

EXERCICES SUPPLÉMENTAIRES

SYNTHÈSE

17 * **Remplace les groupes nominaux sujets soulignés par un pronom personnel qui convient.**

- La feuille morte tombe de l'arbre.
- Le frère de Cécile promène son chien.
- Diego et moi allons à la piscine le vendredi.
- Les abeilles et les mouches sont attirées par le sucre.
- Adam et Juliette jouent dans le jardin.

18 ** **Recopie les phrases et complète-les avec un pronom personnel qui convient.**

- … ai préparé ma valise. Demain matin, … prendrai mon billet de train à la gare.
- Avec Stéphanie, … aimez prendre l'avion.
- … arriveras certainement à Marseille avant moi. … pourrons déjeuner ensemble sur le port.
- Émilie et Paolo partent en Afrique. … souhaitent visiter le Sénégal.

J'ÉCRIS

Employer des pronoms personnels

19 * **La petite souris trouve que son amie la grenouille fait une drôle de tête. Invente une question posée par la souris et la réponse de la grenouille. Emploie les pronoms tu et je.**

20 ** **Une grenouille et son amie souris discutent de ce qu'elles aiment faire.**
Écris un petit dialogue entre les deux amies. Invente les questions et les réponses.

Pour t'aider : Tu peux parler de ce qu'elles aiment manger, de ce qu'elles aiment faire pour s'amuser ou des personnes qu'elles aiment.

Pour démarrer :
La souris : « Tu aimes les noisettes ? »
La grenouille : « Non, pas du tout ! Mais j'adore les moucherons à la broche… Tu sais jouer aux échecs ? » …

Lire une bande dessinée

21 ** **a. Lis cette BD. Indique :** une vignette – une bulle de pensées – une bulle de paroles.

b. Écris une phrase pour décrire ce qu'il se passe dans la seconde vignette.

Une bande dessinée

- Une **bande dessinée**, ou **BD**, est une histoire racontée avec des dessins qui se suivent. Ces dessins inscrits dans des cases s'appellent des **vignettes**.
- Les personnages s'expriment à l'aide de **bulles**.

DICTÉE PRÉPARÉE

Mon frère et moi, nous adorons lire. Moi, j'aime beaucoup les romans policiers et les histoires fantastiques. Mon frère préfère les bandes dessinées. Parfois, il invente des histoires, et les dessine.

Approche de l'adverbe

La malade imaginaire

Il n'y a pas une minute à perdre. Alice saisit le thermomètre et le chauffe à la lampe de chevet. Le liquide bleu monte beaucoup, rapidement. [...] Quand maman revient dans la chambre, Alice a véritablement envie de vomir et le thermomètre marque 39°.

« Nous avons de la chance, annonce maman. Le docteur Tamalou arrive tout de suite. »

Zut ! pense Alice qui regrette maintenant d'y être allée un peu fort. Il va falloir jouer finement…

« Alors Alice, dis-moi un peu ce qui t'arrive », dit le docteur en s'asseyant sur le bord du lit. Alice bredouille quelques mots.

« Maintenant, ouvre la bouche et fais HAAAAAAAAA… »

Elle appuie sur la langue avec une spatule et approche lentement une petite lampe pour voir le fond de la gorge. « Pas d'angine. »

Ensuite elle observe l'intérieur des oreilles avec sa loupe en forme de cône.

« Pas d'otite non plus. Voyons le ventre. As-tu mal au cœur ? Quand j'appuie là, ça te fait mal ? Et ici, aussi ? »

À chaque fois, Alice répond : « Euh… non… »

Le docteur Tamalou la regarde bizarrement. Elle fronce les sourcils et pousse des grognements. Alice commence vraiment à s'inquiéter sérieusement.

Élisabeth GAUSSERON, *Quand je serai grand, je serai… docteur*, coll. Un métier, une histoire, Éd. Fleurus.

Je comprends

a. Quelle bêtise fait Alice dans ce texte ?

b. Comment s'appelle le docteur qui vient l'ausculter ?

c. Réponds par vrai ou par faux.
- Alice est vraiment très malade.
- Le docteur est une femme.
- Le docteur ausculte le ventre d'Alice.
- Le docteur ausculte les oreilles et la gorge d'Alice.

Je découvre

1 **Supprime le mot en rouge et le mot en bleu dans les lignes 12 à 15. Les phrases ainsi obtenues sont-elles correctes ? Le sens des phrases change-t-il ?**

2 **Dans les phrases suivantes, relève tous les mots qui se terminent en *-ment*. Un seul varie : lequel ?**
Le docteur regarde Alice bizarrement. Elle fronce les sourcils et pousse des grognements. Elle commence vraiment à s'inquiéter.

3 **Pour chaque adverbe en rouge, trouve l'adjectif qui correspond.**
Exemple : véritablement → véritable.

J'apprends

L'adverbe

- Les **adverbes** sont des **mots invariables**. Ils servent à :
  – **modifier** ou **préciser** le sens du **verbe**.
  Exemple : Je marche → Je marche **souvent**. Je marche **rapidement**.
  – **relier les phrases** entre elles.
  Exemple : Je pars en Normandie **puis** j'irai en Bretagne.
- Certains adverbes sont **formés sur le féminin de l'adjectif** auquel on ajoute le **suffixe** ***-ment***.
  Exemple : long → longue → longue**ment**.
- **Remarque :** On peut **supprimer les adverbes** dans les phrases ; elles restent correctes, mais le sens est moins précis.

Je m'exerce

4 (*) **Reformule la règle :**
Les adverbes sont des mots ... qui changent le sens du ... ou relient les phrases entre elles.

Identifier des adverbes

5 (*) **Recopie les phrases qui contiennent des adverbes.**
- Il lance le ballon rapidement.
- Nous courons vite.
- Elle prépare son déménagement.
- J'ai lancé fermement la balle.
- Lilou regardait un film, maintenant elle lit. Ensuite, elle goûtera.

6 (**) **Dans cette liste de mots, recopie seulement les adverbes.**
gentiment – jolie – souvent – facilement – fermement – aimant – forcément – féroce

Construire des adverbes en *-ment*

7 (*) **Observe l'exemple et construis des adverbes à ton tour.**
Exemple : rapide → rapidement
difficile • pauvre • terrible • léger • franche

Utiliser les adverbes

8 (*) **Recopie et complète avec les adverbes suivants : tôt, là, demain, maintenant, ensuite.**
Je viendrai te chercher ... matin : je serai ... à huit heures. Je vais devoir me lever ... ! ... je dois préparer ma valise et ..., il faudra que je prépare celle de ma sœur.

9 (**) **Recopie ces phrases dans l'ordre. Aide-toi des adverbes.**
- Puis avec Sam je vais chercher Jeanne.
- Je vais d'abord chercher Sam.
- Finalement, nous irons tous les quatre au cinéma.
- Nous allons ensuite tous les trois récupérer Gabin.

10 (**) **Récris les phrases avec un des adverbes pour modifier les verbes soulignés : trop, aussitôt, souvent.**
- Je <u>mange</u> des pistaches en apéritif.
- Tu <u>es</u> têtu !
- La maîtresse a eu à peine le temps de poser la question : il <u>a répondu</u>.

J'écris

11 (*) **Décris cette image en utilisant les adverbes suivants : là, très, certainement.**
Quelques mots pour t'aider : thermomètre, pansements, plâtre, cassé.

12 (**) **Ce petit garçon est très mal en point. Décris en quelques phrases comment il s'est retrouvé dans cet état.**
Quelques mots pour t'aider :
- d'abord, ensuite, soudain, rapidement...
- vélo, descente, ambulance, hôpital, plâtre...

EXERCICES SUPPLÉMENTAIRES

L'organisation temporelle d'un texte

Le montage du chapiteau

Le matin, très tôt, le convoi arrive sur les lieux du spectacle. La première opération consiste à marquer les places, c'est-à-dire décider de l'emplacement des camions, des voitures, des écuries, de la ménagerie et, surtout, du chapiteau. C'est ensuite au directeur du cirque que revient la tâche de tracer à la chaîne d'arpenteur[1] l'emplacement du chapiteau.

Tout doucement, la toile se gonfle et s'étire comme un gros ballon de baudruche. Puis tout se tend comme une jambe de danseuse.

Quand le chapiteau est définitivement dressé, il culmine à 12,50 mètres du sol. Les monteurs posent les gradins, les panneaux des loges et le bord de piste. Pendant que les électriciens s'occupent des projecteurs, les garçons d'écurie étalent la terre et la sciure sur la piste, les femmes recouvrent les chaises des loges de housses de velours.

Enfin, les installations du cirque proprement dit et les tentes annexes abritant les animaux, le réfectoire, le vestiaire des artistes, tout l'ensemble est clôturé de petites barrières. Ça y est, le cercle enchanté est installé. Place au rêve et à la féerie !

Karine DELOBBE, *Histoire d'un art. Le cirque*, PEMF.

1. Une *chaîne d'arpenteur* est un instrument de mesure.

Je comprends

a. Quand le convoi du cirque arrive sur les lieux du spectacle, quelle est la première opération ?

b. Que doit faire le directeur du cirque ?

c. Explique la phrase : « le chapiteau culmine à 12,50 mètres du sol. » (l. 12).

Je découvre

1 À quel moment le convoi arrive-t-il ?

2 Qu'indiquent les mots en bleu ?

3 Dans le texte, remplace :
- très tôt par très tard.
- ensuite par d'abord.
- tout doucement par très rapidement.

4 Le mot définitivement est :
- un nom.
- un adverbe.
- un déterminant.

J'apprends

L'organisation temporelle d'un texte

- Pour donner une **organisation temporelle** à un texte ou une phrase, on peut utiliser :
  – des **adverbes** → *ensuite, enfin, puis, maintenant, demain, dernièrement...*
  – des **noms communs** ou des **groupes nominaux** → *lundi, le matin, à midi, le soir, la première, le dernier, le lendemain, samedi dernier, le jeudi suivant...*
- Il faut bien connaître ces **connecteurs** afin de savoir organiser un texte lors de son écriture.

Je m'exerce

5 * **Reformule la règle :**
Pour écrire un texte avec une organisation temporelle, on se sert de ... , qui peuvent être des ..., des ... communs ou des groupes ... .

Utiliser les connecteurs de temps

6 * **Complète les phrases avec les connecteurs suivants : avant – le matin – à midi.**
- ..., nous partons à l'école en bus.
- Tu t'échauffes toujours ... de faire ta course à pied.
- ..., vous allez à la cantine.

7 * **Donne le contraire des liens logiques suivants : avant – d'abord – pour commencer – plus tard.**

8 ** **Écris ces phrases dans l'ordre chronologique en t'aidant des connecteurs suivants : ensuite, enfin, puis, pendant ce temps, tout d'abord.**
Je mets le gâteau à cuire. Je mélange les ingrédients. Je fais préchauffer le four. Je mets les ingrédients dans le plat. Je verse la pâte dans le plat.

9 ** **Complète le texte avec les connecteurs suivants : le soir, avant-hier, le matin, la semaine prochaine, l'après-midi, midi. Attention aux intrus !**
..., dès que je me lève, je prends mon petit déjeuner. Puis, à ..., je déjeune avec mes copains à la cantine. ..., nous retournons en classe pour travailler. ..., je rentre à la maison rejoindre ma famille.

10 ** **Complète le texte avec les connecteurs proposés : cet après-midi, puis, avant-hier, enfin, maintenant. Aide-toi avec le temps des verbes.**
..., il faudra aller acheter du chocolat noir, ... on fera le gâteau. ... on s'occupe de cuire la viande et les légumes. ..., j'ai acheté le saumon fumé pour l'entrée. ..., il faudra mettre la table. J'espère que nos invités aimeront le repas !

J'écris

11 * **Pour faire un bouquet de fleurs, il faut plusieurs étapes.**
À l'aide des connecteurs et des mots suivants, écris les étapes nécessaires à la création de ce bouquet.
d'abord – puis – enfin – cueillir – couper – attacher

12 ** **Utilise au moins quatre connecteurs pour décrire la transformation des pommes.**

Distinguer complément du verbe et complément du nom

Marguerite la vache, un gâteau original

Préparation : 40 minutes ; *cuisson* : 35 minutes ; *difficulté* ** *budget* **

Faites fondre au bain-marie le chocolat et le beurre pendant 90 secondes. Lissez et réservez.

Mélangez le sucre glace et la poudre d'amandes, la farine et les blancs d'œufs. Mélangez le tout à la spatule. Remplissez-en un moule de 24 cm de diamètre aux 2 / 3 et enfournez à 160 °C (th. 5-6) pendant 35 minutes. Démoulez dès la sortie du four.

Colorez en brun 50 g de pâte d'amandes. Confectionnez une petite vache en pâte d'amandes et 5 ou 6 petites fleurs.

Étalez la pâte d'amandes blanche sur un plan de travail recouvert d'un film de sucre glace, formez un grand disque puis ajoutez quelques taches de pâte d'amandes brunes.

Recouvrez-en le gâteau, retirez l'excès de pâte avec des ciseaux et lissez la surface à l'aide d'une longue spatule métallique.

Ingrédients pour 8 personnes
- 120 g de chocolat noir
- 100 g de beurre
- 140 g de sucre glace
- 140 g de poudre d'amandes
- 30 g de farine
- 3 à 4 blancs d'œufs
- 350 g de pâte d'amandes blanche
- Du colorant brun

D'après Sylvie AÏT-ALI, *Gâteaux d'anniversaire*, Éd. ESI.

Je comprends

a. Que présente ce texte ?

b. D'après la recette, dans quel ordre dois-tu effectuer les gestes suivants ?
enfourner – remplir – faire fondre – mélanger – lisser – réserver – démouler

c. Que signifie « réservez », ligne 3 ?

d. Réponds par oui ou par non.
- Est-ce que la pâte d'amandes doit cuire ?
- Est-ce que Marguerite est noire ?
- Est-ce que cette recette est difficile à faire ?

Je découvre

1 Relis le texte en enlevant les mots en rouge, puis en enlevant les mots en bleu. Dans quel cas le texte n'a plus de sens ?

2 À quelle question pourraient répondre les mots en rouge dans le texte ?

3 Quels mots complètent les mots en rouge ? Quels mots complètent les mots en bleu ?

J'apprends

Distinguer le complément du verbe et le complément du nom

- Le **complément du verbe** est un mot (ou un groupe de mots) qui **donne des renseignements** sur **l'action exprimée par le verbe**.

Exemples : Maewenn veut **son vélo neuf**.
sujet — verbe — complément du verbe « vouloir »

On mange **des crêpes**.
sujet — verbe — complément du verbe « manger »

- Le **complément du nom** donne des **précisions sur le nom**.

Exemple : Pierrot fait **du vélo à roulettes**.
complément du nom « vélo »

Je m'exerce

4 * **Reformule la règle :**
Le complément du verbe donne des ... sur l'action exprimée par le ... .
Le complément du nom complète le ... .

Compléter une phrase avec un complément du verbe

5 * **Recopie et complète ces phrases avec les compléments du verbe suivants :**
ses chaussures, des livres, les frites, des champignons, une pantoufle.
- On peut manger ... avec les doigts.
- À la bibliothèque, on consulte ... .
- À l'automne, il y a ... dans les bois.
- Cendrillon a perdu ... .
- À la piscine, il faut retirer ... dans les vestiaires.

6 ** **Complète les phrases avec un complément du verbe de ton choix.**
- La maîtresse raconte ... .
- Demain, il faudra prendre ... .
- Sami appelle ... pour aller jouer.
- Les chevaux mangent ... .
- Je vois ... .

Reconnaître le complément du nom et le complément du verbe

7 * **Indique si le groupe de mots souligné est un complément du verbe ou un complément du nom.**
- J'ai pris un bain.
- Ce livre d'histoires est passionnant.
- L'arbitre a sifflé un hors-jeu.
- Ma brosse à dents est usée.
- Le ballon a cassé le pot de fleurs.

8 ** **Recopie les phrases suivantes. Souligne en rouge les compléments du verbe, en bleu les compléments du nom.**
- À la patinoire, il y a de grands vestiaires.
- Avant de courir, je lace mes chaussures.
- Mes chaussures de foot ont disparu ! Elles ne sont plus dans mon sac.
- Les joueurs attendent les supporters pour commencer le match.

J'écris

9 * **Observe cette photo et décris les étapes nécessaires à la fabrication de ce nid.**

Pour t'aider :
brindilles – branches – ramasser – oiseaux – œufs.

10 ** **Ce nid est fini. Décris en trois phrases ce qu'il peut se passer dans ce nid.**

Les compléments d'objet

Godzitor II, le retour

Madame Lecca, maîtresse de CM2, veut monter une pièce de théâtre avec ses élèves pour le spectacle de fin d'année…

– NON, NON ET NON ! Il n'est pas question de jouer la suite de votre « Godzitor », a dit la maîtresse du bout des lèvres. La fête de l'école approche, j'aimerais que, pour une fois, nous préparions un spectacle de qualité !

Pour une fois ?

Est-ce qu'elle voulait dire par là que notre Godzitor et les mutants de l'année dernière ne lui avait pas plu ? J'avais bien aimé, moi, surtout le moment où les mutants passaient un sale quart d'heure. Nous l'avions écrit nous-mêmes ! Au final, Godzitor s'abattait en un instant sur la ville. Godzitor, c'était Charlie en costume argent, accroché à un filin, qui s'est abattu en un instant aussi, sur la scène. C'était très réussi. Un carnage. Un an après, j'en étais encore ému. On a échangé nos souvenirs : les répétitions interminables ; les fous rires pendant les essayages des costumes ; notre stress, le soir du spectacle. Le mois de juin était encore plus chaud, cette année-là. Je repensais à mon déguisement de rat mutant en fausse fourrure, à mes oreilles et mon museau rose en plastique mou, quand Mme Lecca m'a ramené à la réalité :

– Moi qui croyais que vous seriez contents de refaire du théâtre !

Sophie DIEUAIDE, *Œdipe schlac ! schlac !*, Éd. Casterman.

Je comprends

a. Quel genre de spectacle Mme Lecca veut-elle faire jouer à ses élèves ?

b. Comment s'intitulait le spectacle de l'an dernier ?

c. Réponds par vrai ou par faux.

- Mme Lecca trouve que *Godzitor* était un spectacle de qualité.
- Les élèves ont adoré le spectacle de l'année dernière.
- Les élèves se souviennent de leurs déguisements et des répétitions.
- La maîtresse pense certainement à un spectacle plus sérieux.

Je découvre

1 Trouve dans le texte la réponse aux questions suivantes.

- Les élèves ont échangé quoi ?
- Celui qui raconte l'histoire repensait à quoi ?

2 Quels petits mots manque-t-il pour que les phrases soient correctes ?

- Je me souviens … ce spectacle magnifique.
- Je repense … mon costume d'extraterrestre.

3 • Peux-tu supprimer les groupes de mots en rouge et en bleu dans le texte ?

• Peux-tu les déplacer ?

J'apprends

Le complément d'objet direct

- Le **complément d'objet direct (COD)** est **relié directement au verbe**.
  Il ne peut être ni supprimé ni déplacé.
  Exemple : Lyna **range** ses jouets.
  COD

- Le **COD** répond aux questions : **quoi ? que ? qui ?**
  Exemples : Lyna **range** **ses jouets**. → *Lyna range quoi ? Que range Lyna ? Ses jouets.*
  verbe COD
  Baptiste **appelle** Sabri. → Baptiste appelle *qui ? Sabri.*
  verbe COD

- Le COD est le plus souvent :
  – un **groupe nominal** → *Tom mange **une tartine beurrée**.*
  – un **nom propre** → *Tu attends **Ernest**.*

Je m'exerce

4 * **Reformule la règle :**
Le complément d'objet direct ou ... est généralement placé après le verbe. Pour le trouver dans la phrase, on pose les questions : ... ?

Reconnaître un COD

5 * **Écris les questions qui permettent de retrouver le COD souligné.**
Exemple : Papa repeint sa voiture.
quoi ?
- Les grosses vagues soulèvent le bateau.
- Les élèves attendent la récréation.
- Après la classe, je récupère ma petite sœur.

6 * **Recopie les COD des verbes en gras.**
- J'**aime** les sucreries.
- Je **préfère** les sucettes à la fraise.
- Jade **adore** les rouleaux de réglisse.

7 * **Relève chaque phrase. Souligne le verbe et encadre son COD.**
- Dans le ciel, les nuages cachent le soleil.
- Souvent, en hiver, le thermomètre indique des températures négatives.
- Avec beaucoup d'adresse, le capitaine manœuvre son navire.

8 * **Recopie les phrases qui ont un COD.**
- J'écoute le chant des oiseaux.
- Les canards nagent sur le lac.
- La pluie tombe depuis ce matin.
- Pierre a attrapé la varicelle.

9 ** **Indique si le GN en gras est le COD ou le sujet du verbe.**
- **Nos voisins** ont visité la Chine.
- Mehdi rencontre **Jérôme**.
- **Mélissa** révise sa leçon d'histoire.
- L'écureuil a épuisé **ses réserves de graines**.

Compléter une phrase avec un COD

10 * **Complète les phrases avec le COD qui convient :**
deux sangliers, un excellent repas, des tartines, une longue lettre.

- Mon oncle prépare ... .
- Marina a écrit ... .
- Le chasseur a abattu ... .
- Le matin, je mange ... au petit déjeuner.

11 ** **Complète les phrases avec un COD.**
- La pêche a été bonne, le pêcheur a attrapé ... .
- Florian lit ... .

J'apprends

Le complément d'objet indirect

- Le **complément d'objet indirect (COI)** est **relié au verbe par** un petit mot : **à** (au, aux) ou **de** (d', du).
- Le COI répond aux questions : **à qui ? à quoi ? de qui ?** ou **de quoi ?** Il ne peut être ni supprimé ni déplacé.

Exemples : J'**écris** à Marina. → J'écris *à qui ? À Marina.*
(verbe : écris ; COI : à Marina)

Je **parle** de mes vacances d'été. → Je parle *de quoi ? De mes vacances d'été.*
(verbe : parle ; COI : de mes vacances d'été)

- Le COI est le plus souvent :
  – un **groupe nominal** → *Tu téléphones **à ton frère**.*
  – un **nom propre** → *Je pense **à Paul**.*

Je m'exerce

12 * **Reformule la règle :**
Le complément d'objet indirect ou ... est relié au verbe par ... . Il répond à la question *à qui* ? ... *quoi ? de qui ?* ... *quoi ?*

Reconnaître un COI

13 * **Écris les questions qui permettent de retrouver le COI souligné.**
Exemple : L'explorateur parle de son voyage.
de quoi ?
- Cette lettre s'adresse à Patrick.
- Marie téléphone à sa cousine.
- Camille se moque de son petit frère.

14 * **Recopie les phrases. Souligne le verbe et entoure le COI.**
- La maîtresse s'intéresse à ses élèves.
- Esteban se souvient de son grand-père.
- La directrice parle de la nouvelle salle.
- Karim rêve de son prochain jeu vidéo.

15 * **Complète les phrases avec à, d' ou de.**
- Le journaliste a parlé ... un accident terrible.
- Notre classe participe ... un concours de poésie.
- Jamila décide ... quitter la salle.
- Je ne me souviens plus ... la suite de l'histoire.

16 ** **Indique si le groupe nominal souligné est un COD ou un COI.**
- Les artistes préparent le spectacle.
- Je pense à ma grande sœur.
- Je me souviens de cette cabane.
- Le cheval franchit les haies.

17 ** **Recopie les phrases qui ont un COI.**
- Les élèves organisent un tournoi de foot.
- Les adversaires manquent de courage.
- Le clown réfléchit à une histoire drôle.
- Les poissons nagent dans leur bocal.

Compléter une phrase avec un COI

18 ** **Complète les phrases avec un COI. Tu dois utiliser de (d', du) ou à (au, aux) pour introduire le COI.**
- Notre école a participé ... .
- Le gardien de l'immeuble s'occupe ... .
- Elle donne les devoirs ... .

19 ** **Recopie ces phrases en les complétant avec un verbe qui convient.**
- Je ... à ma tante.
- Nora ... de ses camarades.
- Kévin ... de ses cadeaux de Noël.
- Les enfants ... aux cartes.

EXERCICES SUPPLÉMENTAIRES

SYNTHÈSE

20 * **Pour chaque phrase, indique si le GN souligné est le sujet, le COD ou le COI du verbe en gras.**

*Exemple : La mer **se déchaîne**.*
sujet du verbe « se déchaîne »

- Le bateau **brave** la tempête.
- Le maître **se plaint** du bruit dans la classe.
- Les champions **parlent** souvent de leurs victoires.
- Les histoires fantastiques **sont** souvent effrayantes.
- Anissa **compte** ses bons points.
- Les élèves **offrent** un bouquet de fleurs à la maîtresse.

21 ** **Dans les phrases suivantes, indique quel est le sujet puis le COD ou le COI.**

- Émilie dévore une assiette de frites.
- Rachel et Sabrina ont remporté le tournoi de tennis.
- Nous jouons à la balle au prisonnier.
- Je me souviens de ce chapeau jaune.

J'ÉCRIS

Employer des COD et des COI

22 * ***Chimpanzés de l'espace* est un film d'animation de science-fiction. Observe l'affiche et complète les phrases avec un COD ou un COI. N'oublie pas les mots pour introduire les COI : à, de ...**

Les chimpanzés parcourent ... • Ils utilisent ... • Ils ressemblent ... • Ils rêvent ...

Prod DB © Vanguard Animation / DR
LES CHIMPANZES DE L'ESPACE (SPACE CHIMPS) de Kirk De Micco 2008 T.C.D

23 ** **Imagine que tu as voyagé à travers l'Univers. Écris un petit texte de science-fiction pour raconter ce que tu as fait dans la navette spatiale et ce que tu as vu. Indique s'il y a des personnages, et décris tes émotions.**
Emploie les verbes se souvenir, parler, explorer et traverser qui seront suivis de COD ou COI.

Réaliser une affiche

24 ** **Tu vas réaliser une affiche pour le spectacle des CM2 de Mme Lecca (texte page 51).**

Qu'est-ce qu'une affiche ?

- Une **affiche** présente un événement, un spectacle, un film...
- Elle indique généralement : le **nom** du spectacle, la **date**, l'**heure**, le **lieu**, le **prix**, ainsi que d'**autres informations** sur la manifestation (numéros de téléphone, personnes présentes, indications pour s'y rendre...).
- Il y a souvent une illustration.

À partir des informations suivantes, réalise ton affiche sur une feuille blanche :
Godzitor II, le retour – le 24 juin à l'école – à 18 h – spectacle joué par les élèves de CM2 de Mme Lecca.

Pense à bien disposer les informations sur ton affiche. N'oublie pas de l'illustrer soit en dessinant, soit en découpant une photo dans un magazine.

DICTÉE PRÉPARÉE

Un récit de science-fiction parle de soucoupes volantes et d'extraterrestres. Presque toujours, les humains remportent les batailles contre l'envahisseur.

Approche de la circonstance

Un Noël pas comme les autres

[...] Mahmane s'éloigne de vingt pas. Il se cache. Il attend. [...] Un bel oiseau plane dans le ciel, un oiseau bleu et blanc avec des yeux verts. Il a vu les épis de mil[1] et les tout petits grains que Mahmane a jetés dans le piège. [...] Un peu plus loin, une pintade ne remarque rien ni personne. L'oiseau s'approche. Il virevolte au-dessus des grains de mil. Ça y est ! L'oiseau qui voulait manger les grains est pris au piège. Ses deux pattes sont collées à la tige de mil. Il bat des ailes… mais ses ailes se collent elles aussi. Mahmane ne perd pas de temps. Il attrape l'oiseau, l'attache aussitôt et le jette sur son épaule. Mahmane rentre au village, tranquillement, en mettant un pied devant l'autre. La tête haute, il passe devant la case du chef de village.

– Mahmane, c'est quoi ça ? Tu as attrapé la queue d'un lion ?

– Sya, vraiment, tes yeux seraient plus beaux s'ils savaient regarder !

Elle rit.

Sya pose le linge qu'elle vient de laver et rejoint Mahmane. Il attache un long fil de coton à la patte de l'oiseau et il lâche son secret.

– Sya, si tu veux être cadeautée aujourd'hui, puisque le jour s'appelle Noël, viens avec moi.

Il ouvre les mains et l'oiseau bleu s'envole.

– Allez, vite, suivons-le !

Ils courent ensemble. Mahmane a enroulé le fil de coton autour de son doigt. L'oiseau volette au-dessus de leurs têtes. Ils courent encore et l'oiseau vole encore. [...]

Yves PINGUILLY, ZAÜ, *Jour de Noël à Yangassou*, Éd. Rue du Monde.

1. *mil* : céréale.

Je comprends

a. Qu'est-ce que Mahmane a capturé ?

b. Avec quoi Mahmane a-t-il attiré l'animal ?

c. Réponds par vrai ou par faux.
- L'histoire se passe le 25 décembre.
- Sya est un petit garçon.
- L'oiseau est retenu par un fil de coton autour du doigt.
- L'oiseau est mis dans une cage.

Je découvre

1 **À quelle question répondent les mots en rouge ?**
Où ? – Quand ? – Pourquoi ? – Comment ?

2 **Associe les mots en bleu à la question à laquelle ils répondent.**

Aussitôt •	• Comment ?
Tranquillement •	• Quand ?
Puisque le jour s'appelle Noël •	• Pourquoi ?

3 **Récris la phrase en changeant la place des groupes de mots soulignés, puis en les supprimant.**
Dans sa case, Sya range le linge très rapidement.

J'apprends

Les compléments circonstanciels

- Les compléments exprimant les **circonstances de l'action** sont appelés des compléments circonstanciels.
On peut les **déplacer** ou les **supprimer** : la phrase reste quand même correcte.
- Ces compléments répondent essentiellement aux questions : **où ?** (lieu), **quand ?** (temps), **comment ?** (manière), **pourquoi ?** (cause).

Exemples : Elle goûte le gâteau dans la cuisine (lieu (où ?)) avant d'aller à l'école (temps (quand ?)).

Avant d'aller à l'école, elle goûte le gâteau dans la cuisine.

Elle goûte le gâteau.

Je m'exerce

4 * **Reformule la règle :**
Les compléments ... expriment une circonstance : où ? (lieu), quand ? (...), ... ? (manière), pourquoi ? (...).

Identifier des circonstances

5 * **Indique la circonstance exprimée par chaque groupe de mots : le temps, le lieu ou la manière.**
sous la chaise • dans le train • hier matin • doucement • tous les jours

6 * **Indique si les groupes de mots soulignés expriment le temps ou le lieu.**
- Les enfants jouent dans la cour.
- Nous apprenons à lire pendant la matinée.
- Je dois réciter ce poème au tableau.

7 ** **Recopie les phrases qui contiennent un complément circonstanciel de lieu.**
- Le garçon joue au ballon.
- Nous avons dessiné une marelle dans le préau.
- Donne-moi le vélo !
- Tu me prêteras ta corde à sauter dans le parc ?

8 ** **Indique la circonstance exprimée par les compléments soulignés.**
- Le soir, nous mangeons lentement en famille.
- Tu trouveras le goûter sur la table, mange-le avec gourmandise !
- À cause de mon voisin, je me suis fait gronder en classe.
- Le joueur entre rapidement sur le terrain.

9 ** **Supprime les compléments circonstanciels de la phrase. Recopie la phrase obtenue.**
Pour comprendre cette leçon d'orthographe, j'ai dû faire plein d'exercices à la fin de la journée en mangeant mon goûter sur la table de la cuisine.

J'écris

10 * **Regarde bien l'illustration. Complète ces phrases en utilisant les mots suivants : sur, à côté, devant, pendant que.**
... le bus, il y a plein de bagages. ... le bus, Mahmane parle avec le chauffeur ... Sya danse juste ... d'eux.

11 ** **Écris un court dialogue entre les trois personnages de l'illustration. Tu dois utiliser un complément de temps, un complément de lieu, un complément de cause et un complément de manière.**

Nature et fonction

La vie organisée de la forêt alpine

La forêt te semble silencieuse ? En fait, elle cache une vie intense qui ne s'arrête jamais. Qui est passé par là ? À qui appartiennent ces traces ou ces crottes ? Qui mange quoi ?

Le lynx

Il est réapparu dans les forêts des Alpes depuis quelques années. Il vient de Suisse où on l'a réintroduit. C'est un super prédateur[1] qui se nourrit d'oiseaux, de chevreuils et de mulots.

Le bois mort

Au sol, c'est un lieu de vie. Dessus vivent des champignons en décomposition, des mille-pattes et des cloportes. À l'intérieur vivent des larves de hannetons. Des guêpes à l'immense dard perforent le bois pour pondre leurs œufs.

Les fourmis rousses

Les fourmis éliminent les mauvais champignons et les insectes destructeurs de la forêt. La fourmilière est aussi grande sous le sol que le dôme apparent au-dessus du sol. Elle peut monter jusqu'à 2 mètres de hauteur. Dans ce cas, il aura fallu 10 ans de travail aux fourmis pour la construire.

Agnès COUZY, Pierre BALLOUHEY, *Copains des Alpes*, Éd. Milan jeunesse.

1. *super prédateur* : c'est un prédateur, qui, une fois à l'âge adulte, se trouve au sommet de la chaîne alimentaire et n'est alors mangé par aucune autre espèce animale.

Je comprends

a. **Quel milieu naturel est décrit ici ?**

b. **Réponds par vrai ou par faux.**
- Les cloportes vivent sur le sol.
- Les mille-pattes vivent dans le sol.
- Les larves de hannetons vivent dans le sol.
- Les guêpes percent le bois pour pondre.

Je découvre

1 **Dans le texte, les mots en couleur sont :**
des verbes • des pronoms personnels • des noms.

2 **Complète les phrases suivantes avec les mots « fourmis » et « champignons ».**
- Les ... poussent sur le sol. Les ... vivent dans le sol.
- Les ... éliminent les ... et les insectes nuisibles.

3 **Dans la phrase suivante, inverse la place des deux noms en bleu et en rouge :**
Le lynx mange un mulot.
Ta phrase garde-t-elle le même sens ?

Nature et fonction

J'apprends

La nature d'un mot

Chaque mot a une **nature** : verbe, nom, déterminant, pronom personnel, adjectif, adverbe… La nature d'un mot **ne change pas**.

Exemples : forêt est un **nom**, c'est sa nature.
magnifique est un **adjectif**, c'est sa nature.

La fonction d'un mot

Dans la phrase, chaque mot ou groupe de mots a un **rôle bien précis** : on parle de sa **fonction**. La fonction d'un mot **peut changer** selon les phrases.

Exemples : La forêt est magnifique. (*La forêt* : **sujet**)
J'aime *la forêt*. (*la forêt* : **COD**)
Je me promène *dans la forêt*. (*dans la forêt* : **complément circonstanciel**)
Les animaux *de la forêt* se cachent. (*de la forêt* : **complément du nom**)

Je m'exerce

4 * **Reformule la règle :**
Un mot a une nature qui ne … pas. La fonction d'un mot est le … qu'il joue dans la phrase. Suivant les phrases, la fonction d'un mot peut … .

Identifier la nature d'un mot

5 * **Indique la nature du mot souligné.**
- renard : un verbe / un nom.
- nourrir : un nom / un verbe.
- la : un nom / un déterminant.

6 ** **Classe les mots selon leur nature : nom – verbe – déterminant.**
marmotte – cette – aigle – dormir – son – hiberner – neiger – migrer – le – ces – écureuil

Identifier la fonction d'un mot

7 * **Dans quelle phrase le nom chamois n'est pas sujet du verbe ?**
- Le **chamois** est un animal craintif.
- Le chevreau est le petit du **chamois**.
- Le **chamois** ne s'approche jamais trop près de l'homme.

8 ** **Complète les phrases avec les noms lapin et terrier. Attention à leur fonction dans la phrase.**
- Le … vit dans un … sous la terre.
- Le … peut abriter le … et toute sa famille.
- Le … protège le … du froid et des prédateurs.
- L'aigle royal est le prédateur du … .

Identifier la nature et la fonction d'un mot

9 ** **Donne la nature et la fonction de chaque mot souligné.**
- L'aigle royal chasse les marmottes.
- La fourmilière peut atteindre deux mètres de hauteur.
- Le blaireau mange les guêpes.

J'écris

10 * **Dans la forêt, chaque animal, ou presque, finit par se faire manger par un autre. Que mange l'écureuil et qui mange l'écureuil ? Écris deux phrases pour répondre à ces questions.**

11 ** **Le loup est un super prédateur. Écris au moins trois phrases pour décrire ce qu'il mange et ce que ses proies ont mangé avant d'être dévorées à leur tour.**
Pour t'aider :
- herbe, lapin, loup
- feuilles, cerf, loup

Révisions

La phrase

Identifier une phrase

1 Trouve les quatre phrases cachées dans ce texte. Recopie-les en mettant le point final.

Dominique et Céline mangent à la crêperie Céline a pris une crêpe au chocolat et à la chantilly Dominique a préféré une crêpe à la crème de marrons Ces crêpes sont vraiment délicieuses

2 Remets les groupes de mots dans l'ordre pour former des phrases qui ont du sens.

- et du sucre. – la chantilly – avec de la crème fraîche – fabrique – On
- sont – Les galettes – des crêpes. – différentes
- le plus rapide – es – du groupe. – Tu

Reconnaître et utiliser les signes de ponctuation

3 Relève dans ce dialogue un point final, un point d'exclamation, un point d'interrogation et des points de suspension.

« Vous… vous ne venez pas ? demande poliment l'enfant.

– Un seul peut passer et tu nous sembles être le meilleur choix pour combattre M le Maudit. Ta force est à l'intérieur, Arthur. Ton cœur est la plus puissante des armes, lui répond le guerrier.

– Ah ? lance Arthur pas vraiment convaincu. C'est possible mais… je suis encore petit ! »

Arthur et les Minimoys, Tome 1, Le Livre de poche.

4 Recopie et complète avec un point d'interrogation ou un point d'exclamation.

Donne-moi ta réponse … • Sais-tu qui je suis … • Pourquoi cherches-tu les ennuis … • Attends … • Je viens avec toi …

Identifier et utiliser les marques de la négation

5 Recopie les phrases négatives.

- Je suppose que tu as raison.
- Rien ni personne ne m'empêchera d'aller à leur secours.
- Je ne te comprends plus.
- Ne cherche pas à me pousser à bout !
- Es-tu certain de ton choix ?
- Il n'est jamais satisfait.

6 Transforme chaque phrase…

- **en phrase affirmative :**

– Le chat ne passe jamais la nuit dehors.

– Le barbecue n'est pas assez chaud pour cuire les saucisses.

- **en phrase négative :**

– J'aime tous les gâteaux.

– Je viendrai chez vous au nouvel an.

Utiliser des phrases interrogatives

7 Écris des questions auxquelles ces phrases peuvent répondre.

- Je préfère les frites aux carottes.
- J'ai 9 ans.
- C'est vrai, je n'ai jamais redoublé.

8 a. Classe les phrases dans le tableau.

Sais-tu skier ? • Pourquoi détestes-tu la montagne ? • Es-tu déjà monté à cheval ? • Quel sport préfères-tu ? • En quelle année es-tu parti en colonie de vacances ?

On peut répondre par *oui* ou par *non*	On répond autrement que par *oui* ou par *non*
…	…

b. Écris une réponse pour les questions que tu as classées dans la colonne de droite.

Identifier les types et les formes de phrases

9 Associe chaque phrase à la définition qui correspond.

- Ne prends pas de risques inutiles ! – Pourquoi ne changerais-tu pas de pull ? – J'apprécie ta franchise. – Elle ne sait pas si elle y arrivera.
- Phrase affirmative déclarative – Phrase négative interrogative – Phrase négative déclarative – Phrase négative exclamative

Le verbe et son sujet

Reconnaître le verbe et le sujet dans la phrase

10 Relève le verbe dans chaque phrase.

- Le placard est plein de paquets de biscuits et de boîtes en tout genre.
- Les amis offrent toujours des cadeaux délicats et agréables.
- Connaissez-vous ce magnifique artiste d'origine américaine ?

11 Relève le sujet du verbe souligné.

- Les rouges-gorges aiment manger les miettes dans le jardin.
- J'ai vu passer un lapin dans le bois près de chez moi.
- Le troupeau de chevreuils s'éloigne en nous voyant approcher.
- Zoé et moi allons souvent dans ce restaurant de spécialités italiennes.

Compléter des phrases avec un sujet

12 Complète les phrases avec les sujets suivants : La cheminée – Les flammes – Le feu – Les marrons.

- ... me fait peur.
- ... s'élèvent, majestueuses et brûlantes.
- ... cuisent dans l'âtre : on va se régaler !
- ... est assez grande pour y faire brûler de grandes bûches.

Remplacer un GN sujet par un pronom personnel

13 Repère les GN sujets puis remplace-les par un pronom personnel : nous, vous, il, elles.

- Emmanuelle et Sophie sont amies depuis l'école maternelle.
- Céline, Fabienne et toi pouvez venir avec moi en Bretagne.
- Thierry et moi avions perdu le contact il y a quinze ans.
- Le directeur est toujours à l'heure.

Le nom et le GN

Reconnaître un nom

14 Recopie les noms.

heure – mélanger – réflexion – baguette – chat – plaisir – moisir – réfléchissent – surtout – chaleur – empêchement – fredonner – murmure – gigantesque – éliminer – beauté – musique – éparpiller – masque – graine – boit

15 Recopie ce texte. Entoure en rouge les noms propres et en bleu les noms communs.

Le chef Matassalaï lui sourit.
« Bientôt, tu seras cent fois plus petit encore et ta force n'en sera que plus visible. »
L'horloge sonne le premier coup.
« Il est temps, Arthur », lui dit le guerrier.

Arthur et les Minimoys, Tome 1, Le Livre de poche.

Identifier et utiliser les déterminants

16 Associe chaque déterminant souligné à sa définition.

- Les fleurs rouges – Mon rosier fleuri – Des herbes folles – Une grappe de tomates
- Article indéfini féminin singulier – Article indéfini féminin pluriel – Déterminant possessif masculin singulier – Article défini féminin pluriel

17 Complète avec le déterminant qui convient : des, le, la, son, un, sa.

... jardinier est furieux ! ... homme a coupé ... fleurs de ... jardin pour les offrir à ... fiancée. ... jeune femme n'est pas encore au courant.

Reconnaître et utiliser un GN

18 Recopie les GN.

- Le petit garçon ne sait pas ses leçons.
- La maîtresse interroge les élèves.
- Les enfants n'aiment pas les punitions.
- Les parents consolent leurs enfants.

19 Relève le nom noyau de chaque GN.

une longue histoire – des animaux féroces – quatre petites souris – un joueur de football – les élèves sérieux – le père de Marion – un gros chien noir – une bouteille en plastique – cette merveilleuse idée

20 **Agrandis les GN soulignés avec un mot de la liste : vide – petit – grand – joli – gentil. Attention aux accords !**

- Les insectes se faufilent dans tous les coins de la maison.
- Les flammes s'élèvent de la cheminée.
- Les enfants sont souvent récompensés.
- Toutes les filles aiment les robes.

L'adjectif qualificatif

Reconnaître l'adjectif qualificatif

21 **Relève les mots qui ne sont pas des adjectifs qualificatifs.**

bon – bonheur – heure – malheureux – malaise – miel – mêler – moelleux – emmêler

22 **Recopie chaque GN, souligne le nom et entoure l'adjectif.**

de très belles roses – la méchante sorcière – le château magnifique – les épaules plus larges – une fleur fragile – un garçon amoureux – une princesse malheureuse – une rue trop sombre

Reconnaître le genre et le nombre des adjectifs ; accorder les adjectifs

23 **Relève les adjectifs et indique leur genre et leur nombre.**

une triste nouvelle – un joyeux anniversaire – des fêtes majestueuses – des adversaires cruels – un match perdu – une courte visite

24 **Accorde les adjectifs dans chaque phrase.**

La sorcière a une baguette (*magique*). • Des êtres (*géant*) et (*vert*) sont les héros de cette histoire. • Quel temps ! Des pluies (*violent*) s'abattent sur le Sud de la France. • Le président de cette entreprise est un homme (*puissant*).

Le complément du nom

Identifier et utiliser un complément du nom

25 **Recopie les groupes nominaux et souligne les compléments du nom.**

un tube de dentifrice – une paire de ciseaux – une flûte à bec – un trombone à coulisse – une cage à oiseaux – un pot de confiture – un château de sable – un jour de grève – un air de trompette – un sac en cuir

26 **a. Forme des compléments du nom avec les mots suivants et avec les prépositions à, de ou en.**

- la veste – Valentin
- un cheval – bascule
- la porte – la maison
- un ours – peluche

b. Emploie chaque GN formé dans une phrase de ton choix.

Les pronoms personnels

Connaître et utiliser les pronoms personnels

27 **Réponds aux devinettes.**

- Je suis la 1re personne du singulier.
- Je suis entre la 3e personne du singulier et la 2e personne du pluriel.
- Quand on m'utilise, les verbes se conjuguent avec -*ez* au présent.
- Je suis la dernière personne du féminin pluriel utilisée dans la conjugaison.

28 **Complète avec un pronom personnel.**

– Comment te sens-... aujourd'hui ?
– ... vais mieux.
– Ta sœur et toi, ... voulez venir au cinéma avec moi ?
– ... viendrons volontiers. Le cinéma est loin ?
– Non, ... est à côté. J'ai aussi proposé à Morgane, Océane et Valentin de venir. ... nous rejoignent là-bas.

Reconnaître qui est désigné par les pronoms personnels

29 **Indique qui est désigné par les pronoms soulignés.**

Stéphane et Barbara sont mes amis. Ils me connaissent depuis quinze ans. Je vais souvent au cinéma avec Stéphane. Il aime beaucoup voir des films. Barbara préfère le théâtre. Elle m'emmène de temps en temps avec elle.

Les adverbes

Identifier et construire des adverbes

30 Trouve les trois adverbes présents dans ces phrases.

Cet homme est très riche. Il a énormément d'argent mais il dépense beaucoup.

31 Transforme ces phrases, comme dans l'exemple.

Exemple : Il me parle avec gentillesse.

→ Il me parle gentiment.

- Le professeur gronde les élèves avec sévérité.
- Elle avoue sa déception avec sincérité.
- Nous agissons toujours avec prudence.
- Les lions chassent les zèbres avec sauvagerie.

L'organisation temporelle d'un texte

Rétablir la chronologie d'un texte

32 Remets ces phrases dans l'ordre.

- Ensuite, les flammes sont devenues plus hautes, plus vives.
- Mon père a rapporté du bois pour la cheminée.
- À la fin, le feu s'est éteint car il n'y avait plus assez de bois.
- D'abord, il a allumé le feu.

Les compléments

Distinguer le complément du nom et le complément du verbe

33 Indique si les groupes de mots soulignés sont des compléments du verbe ou des compléments du nom.

- Je vais à Paris.
- Il habite près de la ville de Bordeaux.
- Il s'est cogné contre le manche à balai.
- Elle a fait le ménage.
- Le père de Louis est divorcé.
- Sacha retrouve Adam au square.
- Nous partons en Afrique.
- Ce sac en cuir est très cher !

Reconnaître et utiliser le COD et le COI

34 Recopie les phrases. Entoure en bleu les COD et en rouge les COI.

- Sonia parle à sa fille.
- Tu achètes des bonbons.
- Tu penses à moi ?
- Elle range ses affaires.

35 Complète les phrases avec un COD.

- Je visite … .
- Tous les matins, nous mangeons … .
- Sur le terrain de foot, l'arbitre siffle … .

36 Complète les phrases avec un COI. Tu dois utiliser de ou à pour introduire le COI.

- Je parle … .
- Cédric décide … .
- Martine pense … .

Identifier des circonstances

37 Indique la circonstance exprimée par les compléments soulignés : temps, lieu, manière.

Bientôt, je vivrai à la campagne. J'habiterai dans une ferme, tranquillement. Le matin, j'irai m'occuper des animaux patiemment.

Nature et fonction

Identifier la nature et la fonction d'un mot

38 Quelles sont la nature et la fonction du mot souligné ?

L'edelweiss pousse en haut des montagnes.

- **nature** : nom – adjectif – adverbe
- **fonction** : sujet – verbe – COD

39 a. Quelle est la nature du mot chat ?

b. Trouve sa fonction dans chacune des phrases suivantes : COD, sujet, COI, complément circonstanciel de lieu.

- La souris court devant le **chat**.
- Elle donne des croquettes à son **chat**.
- J'appelle mon **chat** car il s'est caché.
- Leur **chat** s'appelle Crumble.

Conjugaison

Passé, présent, futur

Retour au pays

Rébecca et sa famille ont quitté l'Égypte et la ville d'Alexandrie pour s'installer à Paris. Après plus de trois ans passés en France, Rébecca se prépare à retrouver le pays de son enfance pour les prochaines vacances.

Depuis que mon billet est pris je me réveille tous les matins sans très bien savoir où je suis ; ici dans ma chambre de Paris ou là-bas avec l'odeur de la mer qui me picotait au printemps quand je dormais les fenêtres grandes ouvertes. […]

Je n'habiterai pas dans notre maison parce qu'elle n'est plus à nous, mais à d'autres maintenant. Ça me fait un peu mal, mais, d'une certaine façon ça me soulage.

Rien que de penser à certains goûts, à certaines odeurs, j'ai la tête qui chavire. Et à imaginer les amis que je vais retrouver, je fais des bonds de joie dans ma chambre, ou bien je gigote comme un bébé sur mon lit.

Hier, j'ai cru mourir de honte. Papa est entré à l'improviste dans ma chambre. […] J'étais sur mon lit transformé en trampoline, en train de sauter et de me raconter des histoires de retrouvailles.

Eglal ERRERA, *Les fleurs d'Alexandrie*, Éd. Actes Sud Junior, 2006.

Je comprends

a. Depuis que son père lui a acheté son billet d'avion, Rébecca se réveille et ne sait plus où elle est…
- Elle est toujours dans sa chambre à Paris.
- Elle est déjà à Alexandrie, en Égypte.

b. Rébecca se souvient de ses réveils à Alexandrie. Au printemps…
- … il faisait si chaud qu'elle dormait les fenêtres ouvertes.
- … il faisait très froid, elle dormait les fenêtres et les volets fermés.

c. Pourquoi Rébecca est-elle soulagée que la maison n'appartienne plus à sa famille ?

Je découvre

1 Remets les événements suivants dans l'ordre :

a. Dans une semaine, Rébecca retrouvera ses amies à Alexandrie.

b. Avant, quand elle était petite, Rébecca habitait dans une maison en Égypte.

c. Aujourd'hui, elle vit à Paris dans un appartement.

Avant ❍ — Maintenant ❍ — Après ❍

2 Dans le texte, relève les verbes en rouge et indique leur temps : passé, présent ou futur.

3 Classe les mots en bleu dans le texte en trois colonnes : passé, présent, futur.

j'apprends

Passé, présent, futur

Quand on raconte quelque chose, on différencie **trois grands moments** dans le **temps** :

- le **passé** : ce qui s'est passé **avant** le moment où l'on parle.
  Exemple : Hier, elle mangeait des raviolis.
- le **présent** : ce qui se passe **au moment où l'on parle**.
  Exemple : En ce moment, Anissa mange une pomme.
- le **futur** : ce qui se passera **après** le moment où l'on parle.
  Exemple : L'été prochain, elle mangera des glaces.

Repérer le temps de la phrase avec les indicateurs de temps

Les mots ou les groupes de mots qui permettent de situer les événements dans le temps sont des **indicateurs de temps**.

Passé	Présent	Futur
hier, autrefois, avant	maintenant, en ce moment	demain, l'été prochain

je m'exerce

4 * **Reformule la règle :**
Les indicateurs de ... sont des mots qui permettent de repérer facilement le temps de la phrase.

Reconnaître et classer les indicateurs de temps

5 * **Relève les indicateurs de temps.**
- L'été dernier, je suis allée à la montagne.
- L'année prochaine, Sofia va déménager.
- Je vais à l'école à pied le matin.

6 ** **Classe les indicateurs de temps :** passé / présent / futur.
aujourd'hui – l'automne prochain – hier matin – maintenant – jeudi dernier – après-demain – le mois prochain – à présent – actuellement – la veille – demain matin

Repérer le temps de la phrase avec les indicateurs de temps

7 * **Indique le temps de chaque phrase :** passé, présent ou futur.
- L'année dernière, Karim était au CE1.
- L'année prochaine, il passera en CM1.
- Aujourd'hui, il y a des frites à la cantine.
- Demain, Alice prendra l'avion pour l'Espagne.
- Autrefois, les gens voyageaient en diligence.

Utiliser des indicateurs de temps

8 * **Recopie et complète le texte avec :** il y a deux semaines, dans dix minutes, dans deux jours, aujourd'hui.
... Zohra partira en vacances en Espagne. ..., elle prépare ses valises. ..., son père a réservé son billet d'avion. ... sa cousine Sacha viendra l'aider.

9 * **Recopie et complète les phrases avec :** actuellement, il y a sept ans, un jour, tous les six mois.
- J'aimerais bien revoir l'Algérie. J'ai quitté ce pays ... . Mon père y va ... .
- Ma grand-mère et mon grand-père y vivent encore ... . J'habiterai peut-être là-bas, ...

10 ** **Complète le texte avec des indicateurs de temps. N'utilise pas deux fois le même !**
... Éva pense à sa prochaine rentrée des classes. ... elle était au CE1. Elle passe au CE2 ... . Sa mère lui a acheté un cartable et une trousse neufs ... ! ... ce sera le premier jour d'école, elle rencontrera ses nouveaux copains.

j'apprends

Repérer le temps de la phrase avec le verbe

Comme les indicateurs de temps, le temps du **verbe conjugué** permet de repérer le **passé**, le **présent** ou le **futur**.

Exemples :

Les élèves **attendent** les vacances avec impatience. → **présent**
Autrefois, les écoliers n'**allaient** pas à l'école le jeudi. → **passé**
Mohamed **partira** en Angleterre. → **futur**

je m'exerce

11 * **Reformule la règle :**

Le verbe ... peut exprimer le présent, le ... ou le ... .

Reconnaître le verbe et le temps du verbe

12 * **Recopie chaque phrase et souligne le verbe conjugué.**

- Demain, maman achètera des dattes.
- Hier, Zora a mangé du couscous.
- Au petit déjeuner, Amir aime les gâteaux.

13 * a. **Recopie uniquement les phrases qui sont au présent.**

- Il fait très beau ce matin.
- Il pleuvra beaucoup l'automne prochain.
- Il a neigé cet hiver.
- À l'aube, le ciel est clair.

b. **Quelle phrase est au futur ?**

14 * **Recopie uniquement les phrases qui sont au passé.**

- Aujourd'hui, beaucoup de gens partent en vacances.
- Avant, les billets d'avion coûtaient très cher.
- Il y a cinquante ans, il fallait deux jours pour aller de Paris à Nice.
- Dans vingt ans, on ira sur Mars.

15 * **Indique le temps de chaque verbe souligné : passé, présent ou futur.**

Autrefois, les écoliers portaient un uniforme. Les filles et les garçons étaient séparés. Aujourd'hui, on s'habille comme on veut. Les filles et les garçons sont dans les mêmes classes. Dans quelques années, ils iront au collège.

16 ** **Indique le temps des verbes : passé, présent ou futur.**

- Vous voyagerez par le train de nuit.
- Tu viendras à mon anniversaire ?
- Nassim dessine un beau paysage.
- Rébecca était en Égypte.

Choisir le temps du verbe en fonction de l'indicateur de temps

17 ** **Recopie avec le verbe conjugué correctement. Fais attention à l'indicateur de temps.**

- Quand le réveil (*sonnera/a sonné*), je me suis levé et (*j'ai déjeuné/je déjeunerai*) dans la cuisine.
- Maintenant, (*je suis/j'étais*) en classe. (*J'écouterai/J'écoute*) la maîtresse.
- Dimanche prochain, (*je pouvais/je pourrai*) enfin faire la grasse matinée !

Transformer des phrases en changeant l'indicateur de temps

18 ** **Transforme les phrases suivantes, comme dans l'exemple.**

Exemple : La nuit dernière, j'ai très mal dormi.
→ *En ce moment, je dors très mal.*

- Ce matin, le vol pour Rome décollera à 8 heures.
→ Hier matin, ...
- Aux dernières vacances, j'ai revu tous mes cousins. → Aux prochaines vacances, ...

EXERCICES SUPPLÉMENTAIRES

SYNTHÈSE

19 * **Indique si les phrases sont au passé, au présent ou au futur.**
- Demain matin, nous partirons très tôt.
- Il y a eu une violente tempête la nuit dernière.
- Quand mon frère était petit, il n'aimait pas jouer seul.
- Aujourd'hui, il fait très chaud.
- Ma grand-mère viendra bientôt nous rendre visite.
- J'aime lire des romans policiers tous les soirs.

20 ** **Récris les phrases en choisissant le verbe conjugué qui convient.**
- Les dinosaures (*ont disparu / disparaîtront*) il y a des millions d'années.
- Un jour, l'homme (*construit / construira*) des hôtels sur la Lune.
- En ce moment, Anne et Sahir (*liront / lisent*) tranquillement dans leur chambre.
- L'année dernière, tu (*fais / faisais*) du vélo avec des roulettes.

J'ÉCRIS

Employer le passé, le présent et le futur

21 * **Les années passent et tu grandis ! Raconte en quelques phrases ce que tu aimais faire avant, ce que tu aimes faire maintenant et ce que tu voudras faire un jour. Pour t'aider :**
- Quand j'avais six ans, j'aimais ...
- Aujourd'hui, j'aime beaucoup ...
- À l'école, pendant la classe, je ...
- Un jour, je ferai ...

22 ** **Raconte ce que tu as fait pendant les dernières vacances d'été.**
Écris ensuite une autre phrase qui dit ce que tu fais maintenant.
Dis enfin ce que tu feras aux prochaines vacances.
Utilise au moins trois indicateurs de temps.

Écrire une carte postale

23 ** **Pendant les vacances, on peut envoyer une carte postale aux amis ou à la famille pour leur donner des nouvelles. Observe cette carte postale que Rébecca a envoyée à ses parents :**

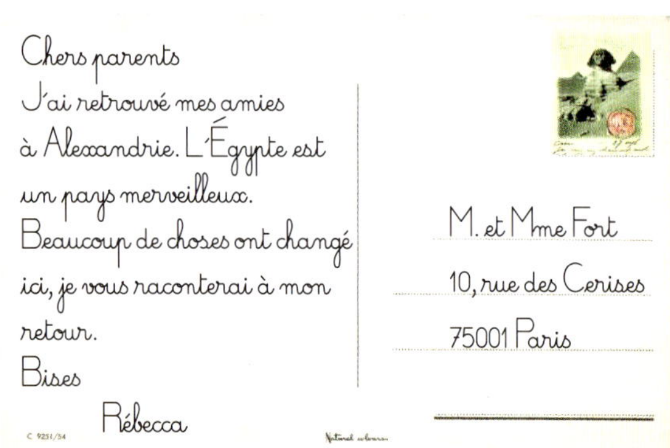
Chers parents
J'ai retrouvé mes amies à Alexandrie. L'Égypte est un pays merveilleux.
Beaucoup de choses ont changé ici, je vous raconterai à mon retour.
Bises
Rébecca

M. et Mme Fort
10, rue des Cerises
75001 Paris

Les cartes postales

Un côté de la carte représente une photo de l'endroit où l'on se trouve.
On écrit sur l'autre côté de la carte :
– à gauche : le **message**, avec une **formule de début** (*Chère Tata, Salut Léa !*), une **formule pour terminer** (*À bientôt, Grosses bises*), et on signe.
– à droite : on indique le **nom** et l'**adresse de la personne à qui l'on écrit**, le destinataire.

À ton tour, écris une carte postale à tes parents. Imagine que tu es en colonie, au bord de la mer. N'oublie pas : les formules de début et de fin, ta signature et l'adresse des destinataires.

DICTÉE PRÉPARÉE

L'année dernière, j'ai visité l'Égypte avec ma grand-mère. J'attends les prochaines vacances avec impatience. L'été prochain, j'irai en Tunisie, chez mes cousins.

Distinguer infinitif et verbe conjugué

Quand les ânes rencontrent les hommes…

Autrefois, les ânes étaient tout à fait sauvages, c'est-à-dire qu'ils mangeaient quand ils avaient faim, qu'ils buvaient quand ils avaient soif et qu'ils couraient dans l'herbe quand ça leur faisait plaisir.

Quelquefois, un lion venait qui mangeait un âne ; alors tous les autres ânes se sauvaient en criant comme des ânes, mais le lendemain ils n'y pensaient plus et recommençaient à braire, à boire, à manger, à courir, à dormir… En somme, sauf les jours où le lion venait, tout marchait assez bien.

Un jour, les rois de la création (c'est comme ça que les hommes aiment à s'appeler entre eux) arrivèrent dans le pays des ânes et les ânes, très contents de voir du nouveau monde, galopèrent pour rencontrer des hommes.

LES ÂNES (*ils parlent en galopant*).

Ce sont de drôles d'animaux blêmes, ils marchent à deux pattes, leurs oreilles sont très petites, ils ne sont pas beaux, mais il faut tout de même leur faire une petite réception… c'est la moindre des choses…

Et les ânes font les drôles, ils se roulent dans l'herbe en agitant les pattes, ils chantent la chanson des ânes et puis, histoire de rire, ils poussent les hommes pour les faire un tout petit peu tomber par terre ; mais l'homme n'aime pas beaucoup la plaisanterie quand ce n'est pas lui qui plaisante […]

Jacques PRÉVERT, « Les Premiers Ânes », in *Contes pour enfants pas sages*, Éd. Gallimard.

je COMPRENDS

a. Il y a très longtemps, les ânes étaient :
- des animaux domestiques.
- des animaux sauvages.

b. Qui sont les « rois de la création » ?

c. Réponds par vrai ou par faux.
- Le lion ne mange jamais d'âne.
- Les ânes n'ont pas envie de rencontrer les hommes.
- Les hommes n'ont pas envie de plaisanter avec les ânes.

je DÉCOUVRE

1 Lis cette phrase :
Hier, les ânes galopèrent pour rencontrer des hommes.
Récris la phrase en commençant par *Aujourd'hui* puis par *Demain*.
Changes-tu le mot en bleu ou le mot en rouge pour récrire la phrase ?

2 Associe chaque verbe conjugué au verbe à l'infinitif qui correspond.
- Ils mangeaient quand ils avaient faim, buvaient quand ils avaient soif et couraient dans l'herbe.
- Ils recommençaient à braire, à boire, à manger, à courir, à dormir.

J'apprends

Verbe à l'infinitif et verbe conjugué

Le **verbe** peut être :

- **à l'infinitif.**
  Exemple : Elle aime **profiter** du beau temps : elle peut **regarder** ses chiens **jouer** dans le jardin.
- **conjugué.**
  Exemple : Les vacances **se terminent**. Les élèves **préparent** leur cartable, **remplissent** leur trousse. L'école **ouvrira** ses portes dans quelques jours.

Je m'exerce

3 * **Reformule la règle :**
À l' ..., le verbe n'est pas conjugué : *conduire*, *chercher*, *voir*.

Reconnaître le verbe

4 * **Chasse les intrus : élimine les phrases qui n'ont pas de verbe.**
Quelle histoire ! • Écoute un peu ce qui m'est arrivé ! • Les chiens ont commencé à aboyer sans raison. • Silence ! Silence !

5 ** **Transforme les phrases SANS verbe en phrases AVEC un verbe.**
Exemple : Difficile, non ? → C'est difficile, non ?
- Beurk ! Encore des épinards…
- Non ! Pas maintenant !
- Un peu, merci…
- Chouette ! Les vacances !

Reconnaître les verbes à l'infinitif

6 * **Dans chaque liste de mots, recopie les verbes à l'infinitif.**
- jouerai – jeu – joueur – jouer
- chausson – chaussera – chaussure – déchausser – chausseur
- penser – pensée – pensons – ai pensé

7 ** **Recopie les verbes à l'infinitif.**
- Les joueurs se placent sur le terrain. Ils vont jouer une partie importante. Le but du jeu est de remporter la coupe.
- Elle se déchausse pour laisser ses chaussures sales à l'entrée. Ensuite, elle va mettre de confortables chaussons.

Distinguer infinitif et verbe conjugué

8 * **Recopie et entoure en bleu les verbes à l'infinitif et en rouge les verbes conjugués.**
Martin n'aime pas faire des devoirs en vacances. Il préfère s'amuser et danser.

9 * **Recopie les phrases avec la forme qui convient. Indique si le verbe est à l'infinitif ou s'il est conjugué.**
- Les animaux de la savane (*vivre*/*vivent*) de manière sauvage.
- Les lions (*règnent*/*régner*) sur les autres animaux dans la jungle.
- Les girafes (*voient*/*voir*) au-dessus des arbres grâce à leur long cou.
- La lionne doit (*veiller*/*veille*) sur ses lionceaux.
- Les touristes (*découvrir* / *découvrent*) la faune et la flore.

10 ** **Recopie chaque phrase avec le verbe (infinitif ou conjugué) qui convient :**
imaginer – dresser – nourrir – aimer.
- J' ... les animaux.
- J'arrive à ... aussi les animaux féroces.
- J'ai du mal à ... ma vie sans les animaux.
- Je préfère ... les petits animaux que les gros !

J'APPRENDS

Radical et terminaison

- Le verbe est composé d'un **radical** et d'une **terminaison**.

  Exemple : vous mangez → mang (radical) **ez** (terminaison)

- C'est généralement l'infinitif qui donne le **radical du verbe**.

  Exemple : chanter → je chant**e**, vous chant**ez**...

- La **terminaison change** suivant :
  - la **personne** : *elle chant**e***, (3ᵉ personne du singulier) *elles chant**ent***. (3ᵉ personne du pluriel)
  - le **temps** : *tu aimes*, (présent) *tu aimais*, (passé) *tu aimeras*. (futur)

JE M'EXERCE

11 * **Reformule la règle :**

On conjugue un verbe en changeant sa ... : *elle imagine, vous imaginerez*.
La terminaison vient s'ajouter au radical du verbe : ... → *je voyage* ; *rêver* → *tu* ... .

Reconnaître les verbes conjugués

12 * **Parmi les verbes soulignés, recopie ceux qui sont conjugués.**

Les hommes ne savent pas parler avec les chevaux, mais ils savent les dresser. Ils les nourrissent, les soignent. Ils leur apprennent à avancer, galoper, trotter et s'arrêter quand ils le veulent.

13 * **Recopie chaque verbe souligné et indique s'il s'agit d'un verbe conjugué au singulier ou au pluriel.**

Une légende parle souvent des animaux.
Les animaux savent souvent parler dans les histoires.

14 ** **Écris le verbe à l'infinitif qui correspond à chaque verbe conjugué.**

Exemple : Tu aimes le lait → aimer.

- J'appelle ma sœur.
- Vous nourrirez bien les oiseaux !
- Les ânes sont bêtes.
- Le petit garçon semble énervé.

15 ** **Trouve tous les verbes conjugués et recopie-les. Attention, il y a aussi des infinitifs dans le texte !**

Je passe beaucoup de temps à la campagne. Je peux me promener et passer des heures avec les animaux. Les poules se jettent sur les graines et je ramasse leurs œufs. Je caresse l'âne et je lui donne des carottes. Enfin, je m'allonge sur le foin et je fais une petite sieste.

Reconnaître le radical et la terminaison

16 ** **Recopie chaque verbe conjugué. Souligne le radical et entoure la terminaison.**

Exemple : tu entr(es)

il profite – vous jouez – tu ralentis – tu demanderas – je souligne – vous illustrez – il aimera – nous achetons – on déclare – nous partons – je regarde – vous pouviez – ils finissent – nous désirons

EXERCICES SUPPLÉMENTAIRES

SYNTHÈSE

17 * **Classe les verbes suivants selon qu'ils sont à l'infinitif ou conjugués.**
chanter – il enchantera – elles changeront – ils enchantent – déchanter – je trébucherai – tu chantais – assécher – vous tranchiez

18 ** **Complète chaque phrase avec le verbe (à l'infinitif ou conjugué) qui convient :** éternuer – se moucher – venir – aller – baigner.
- Elle n'arrête pas d'... et elle a sans arrêt envie de ... .
- Préfères-tu ... avant le film ou après ?
- Nous ... au bord de la mer cette année ; comme ça, nous pourrons nous ... tous les jours !

J'ÉCRIS

Employer des verbes conjugués et des infinitifs

Lis cet extrait du texte page 69 :
Les ânes disent des hommes : « Ce sont de drôles d'animaux blêmes, ils marchent à deux pattes, leurs oreilles sont très petites, ils ne sont pas beaux, mais il faut tout de même leur faire une petite réception... »

19 * **Imagine que les hommes décrivent à leur tour les ânes.**
Récris le texte avec les verbes suivants : porteront – sont – savent – sont – manger – appellerons.
Ces animaux ne ... pas bons à ..., leurs cris ... désagréables, leurs oreilles ridiculement longues ; ils ne ... ni lire ni compter ; nous les ... des ânes et ils ... nos paquets.

20 ** **Imagine que les hommes rencontrent d'autres animaux (de ton choix) qu'ils n'ont jamais vus auparavant. Écris un court texte sur ce que les hommes pourraient dire d'eux. Tu devras utiliser au moins deux verbes conjugués différents et un verbe à l'infinitif.**

Utiliser les cris des animaux

21 ** a. **L'âne brait. Retrouve le cri de chacun des animaux ci-dessous. Tu peux utiliser ton dictionnaire.**

Le poussin •	• bêle.
Le pigeon •	• cancane.
Le canard •	• piaille.
La chèvre •	• roucoule.

b. **Fais une phrase pour chacun de ces animaux en les mettant au pluriel. Tu feras attention à bien conjuguer le verbe.**
Exemple : L'hyène ricane → Les hyènes ricanent dans le désert.

DICTÉE PRÉPARÉE

Je traverse le désert. J'entends des serpents siffler, des animaux hurler. Le sable vole dans mes yeux. J'ai un peu peur, mais je suis fort comme le lion qui rugit.

Les trois groupes de verbes

L'expérience impossible !

Lorsqu'on met dans le même récipient deux liquides qui ne peuvent pas se mélanger, le liquide le plus « léger » flotte sur le liquide le plus « lourd ».

Matériel : carte plastifiée (carte à jouer) • eau • 2 verres identiques • huile

❶ Remplir à ras bord les 2 verres : le 1er avec de l'eau, le 2^d avec de l'huile.

❷ Couvrir le verre d'eau avec la carte plastifiée.

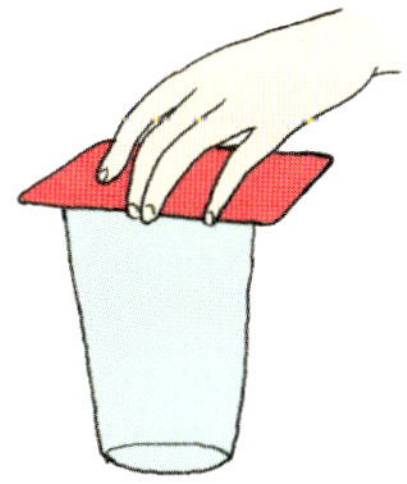

❸ Retourner le verre d'eau en maintenant la carte et le poser à l'envers sur le verre d'huile. Bien faire coïncider.

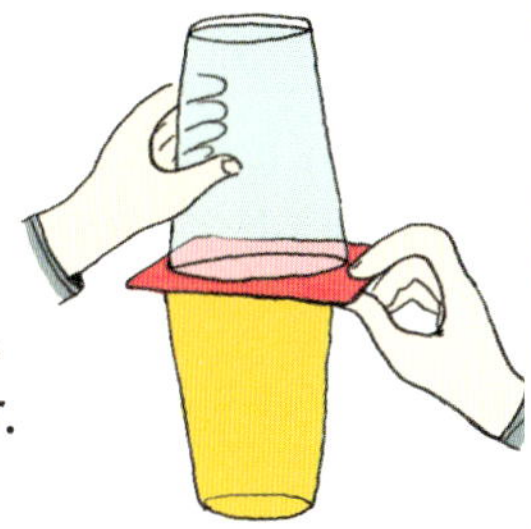

❹ Faire glisser la carte sans l'enlever complètement, en maintenant les 2 verres bien superposés. L'huile monte, chassant l'eau qui descend.

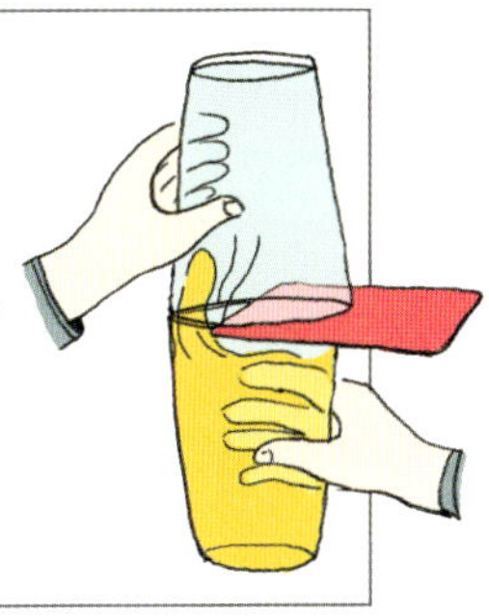

❺ Remettre la carte à sa place.

❻ Retourner le verre d'eau. C'est terminé !

Cette expérience surprenante nécessite un peu d'habileté et entraîne quelques pertes minimes d'eau et d'huile.

D'après Robert PINCE, *Copains des sciences*, Éd. Milan Jeunesse.

Je comprends

a. **Que présente ce texte ?**

b. **Réponds par vrai ou par faux.**
- L'huile monte dans le verre d'eau parce qu'elle est plus « légère » que l'eau.
- L'huile descend parce que ce liquide est plus « lourd » que l'eau.

c. **L'expression « quelques pertes minimes » signifie :**
- une très petite quantité.
- une grande quantité.

Je découvre

1 **Dans le texte, les mots en couleur sont :**
des noms – des verbes – des déterminants.

2 **Associe chaque verbe conjugué à son infinitif :**
- nous remplissons – ils peuvent – tu fais – je flotte
- faire – remplir – flotter – pouvoir

3 **Observe la terminaison de chacun de ces verbes à l'infinitif :**
glisser – mélanger – enlever – remplir – aplatir – finir – couvrir – venir – rendre – boire.
Les verbes à l'infinitif se terminent-ils tous de la même façon ?

J'apprends

Les trois groupes de verbes

- **1er groupe** : les verbes terminés par **-er à l'infinitif** (sauf le verbe aller).
  Exemples : aimer, jouer, glisser…
- **2e groupe** : les verbes terminés par **-ir à l'infinitif** et **-issons à la 1re personne du pluriel** au présent de l'indicatif.
  Exemples : finir → nous finissons grandir → nous grandissons
- **3e groupe** : tous les autres verbes, terminés par **-ir**, **-re** ou **-oir à l'infinitif**.
  Exemples : **partir** (nous partons), **dire**, **faire**, **pouvoir**, **prendre**, **venir**, **voir**, **vouloir** et le verbe **aller**.

Les verbes **être** et **avoir** sont des auxiliaires.

Je m'exerce

4 * **Reformule la règle :**
Les verbes du 1er groupe se terminent par -… à l'infinitif. Les verbes du … groupe se terminent par *-ir* à l'infinitif et par *-issons* à la 1re personne du pluriel au présent de l'indicatif. Les autres verbes font partie du … groupe.

Repérer la terminaison d'un verbe à l'infinitif

5 * **Classe les verbes dans le tableau.**
apercevoir – partir – prendre – vouloir – manger – boire – laver – finir – battre – venir – devoir

Infinitif en *-er*	Infinitif en *-ir*	Infinitif en *-oir*	Infinitif en *-re*
…	…	…	…

Reconnaître le groupe des verbes

6 * **Complète le tableau comme dans l'exemple, avec les verbes suivants : offrir, obéir, applaudir, venir.**

Verbe à l'infinitif	Verbe conjugué à la 1re personne du pluriel au présent	Groupe
Salir	Nous salissons	2e groupe
Partir	Nous partons	3e groupe

7 * **Recopie et entoure en rouge les verbes du 1er groupe et en bleu les verbes du 3e groupe.**
sortir – manger – abattre – apprendre – aboyer – comparer – promettre – aller – nager – fabriquer – interdire – commencer – maintenir – dire – comprendre – voir – voler

8 ** **Classe les verbes en 2 colonnes : verbes du 2e groupe / verbes du 3e groupe.**
choisir – sentir – mentir – démolir – agrandir – devenir – repartir – engloutir – intervenir – pâlir – atterrir – mourir – ouvrir – désobéir – réussir – dormir

J'écris

9 * **Écris deux phrases en employant les verbes remplir et couvrir pour décrire les deux premières étapes de l'expérience de la page 73.**
Commence tes phrases par « Nous ».

10 ** **Imagine que tu réalises en classe l'expérience de la page 73 avec un copain. Récris les six étapes de l'expérience en conjuguant les verbes à l'infinitif au présent à la 1re personne du pluriel (nous).**

Le présent de l'indicatif 1er et 2e groupe

L'embouteillage

Feu vert Feu vert Feu vert !
Le chemin est ouvert !
Tortues blanches, tortues grises,
tortues noires,
Tortues têtues Tintamarre !
Les autos crachotent,
Toussotent, cahotent
Quatre centimètres
Puis toutes s'arrêtent.
Feu rouge Feu rouge Feu rouge !
Pas une ne bouge !

Tortues jaunes, tortues beiges,
tortues noires,
Tortues têtues Tintamarre !
Hoquettent, s'entêtent,
Quatre millimètres,
Pare-chocs à pare-chocs
Les voitures stoppent.
Blanches, grises, vertes, bleues,
Tortues à la queue leu leu,
Jaunes, rouges, beiges, noires,
Tortues têtues Tintamarre !
Bloquées dans vos carapaces
Regardez-moi bien : je passe !

Jacques CHARPENTREAU

Je comprends

a. Ce poème décrit :
- une arrivée massive de tortues géantes sur une plage.
- un embouteillage de voitures.
- une course à pied avec beaucoup de participants.

b. Quelle couleur n'est pas citée dans le poème ?
bleu – jaune – noir – blanc – violet – rouge

c. Quand on dit que les voitures sont « pare-chocs à pare-chocs », qu'est-ce que cela signifie ?

Je découvre

1 **Quel mot en rouge veut dire la même chose que « s'arrêtent » ?**

2 **À quel temps sont les verbes en rouge ?**

3 **Recherche dans les verbes en rouge les formes conjuguées des verbes suivants :**
toussoter – s'arrêter – bouger – s'entêter – passer.

4 **Recopie tous les verbes au présent dans le texte : en rouge ceux du 1er groupe, en bleu les autres.**
Tu viens te baigner avec moi ? Je veux te montrer comme je nage bien ! Je bouge mes bras, mes jambes et je ne coule pas. Je suis comme un poisson dans l'eau.

J'apprends

Les verbes du 1er groupe au présent

Au **présent de l'indicatif**, pour conjuguer les verbes du **1er groupe** (infinitif en **-er**), on ajoute à l'infinitif les terminaisons suivantes : -**e**, -**es**, -**e**, -**ons**, -**ez**, -**ent**.

chanter	bouger
je chant**e**	je boug**e**
tu chant**es**	tu boug**es**
il, elle, on chant**e**	il, elle, on boug**e**
nous chant**ons**	nous bouge**ons**
vous chant**ez**	vous boug**ez**
ils, elles chant**ent**	ils, elles boug**ent**

→ Voir les tableaux de conjugaison, p. 183

Je m'exerce

5 * **Reformule la règle :**
Les verbes du 1er groupe se conjuguent au présent avec les terminaisons suivantes : -e, -..., -..., -ons, -..., -ent.

Reconnaître les verbes du 1er groupe au présent

6 * **Parmi les verbes soulignés, recopie ceux qui sont au présent.**
Il <u>mange</u> son dessert avant son fromage. Il <u>aime</u> ça. Je <u>trouve</u> cela bizarre. Je <u>préfère</u> manger le sucré après le salé mais chacun ses goûts ! Il ne se <u>plaindra</u> pas s'il ne <u>digère</u> pas bien après !

7 ** **Recopie les verbes au présent de l'indicatif. Attention aux pièges !**
J'entasse mes sacs dans la valise. Nous partirons demain très tôt en vacances. J'aime les départs en vacances ! Je voyage avec mes parents. Je m'occupe facilement pendant le trajet : je dessine, je lis, j'écoute de la musique. Je n'oublierai pas d'emporter tout ce qu'il faut, ça non !

Conjuguer les verbes du 1er groupe au présent

8 * **Associe le pronom sujet à chaque verbe qui convient.**

Nous •	• aimez
Ils •	• déjeunons
Vous •	• chantes
Tu •	• décident

9 * **Recopie et complète avec un pronom sujet.**
Exemple : ... mangeons → nous mangeons.
... chantes – ... jouez – ... travaillent – ... nous reposons – ... effaces – ... lavez – ... parle

10 * **a. Recopie la phrase et entoure le verbe du 1er groupe.**
Il ne dîne jamais aussi tôt mais c'est exceptionnel aujourd'hui.
b. Conjugue le verbe que tu as trouvé à toutes les personnes : je, tu, il, nous, vous, ils.

11 ** **Recopie le texte avec les verbes conjugués au présent.**
Je *(chante – chantais)* souvent très fort dans ma chambre pendant que je *(joue – jouerai)*. Cela *(énerva – énerve)* maman qui me *(demandait – demande)* de faire moins de bruit !

12 ** **Écris ce texte en conjuguant les verbes entre parenthèses au présent.**
Le matin, nous (*déguster*) des croissants avec papa et maman mais nous (*manger*) vite car l'école (*commencer*) tôt.

Le midi, nous (*déjeuner*) à la cantine et, parfois, nous n'(*aimer*) pas le menu mais... pas le choix !

Nous (*jouer*) ensuite un peu dans la cour puis la classe (*recommencer*).

Nous (*étudier*) et (*travailler*) encore jusqu'au goûter. Enfin ! Fin de la journée !

J'apprends

Les verbes du 2e groupe au présent

- Au **présent de l'indicatif**, pour conjuguer les verbes du **2e groupe** (infinitif en **-ir**), on ajoute à l'infinitif les terminaisons suivantes : -is, -is, -it, -issons, -issez, -issent.

envahir

j'envahis	nous envahissons
tu envahis	vous envahissez
il, elle, on envahit	ils, elles envahissent

- On reconnaît les verbes du 2e groupe car on les conjugue avec **-ss-**.
  Exemple : finir → nous finissons, vous finissez.

→ Voir les tableaux de conjugaison, p. 183

Je m'exerce

13 * **Reformule la règle :**
Les verbes du 2e groupe se conjuguent au présent avec les terminaisons suivantes :
-..., -..., -it, -..., -..., -issent.

Reconnaître les verbes du 2e groupe

14 * **Trouve le verbe du 2e groupe et conjugue-le avec nous et vous :** grandir – venir.

15 * **Recopie les verbes du 2e groupe.**
appartenir – venir – punir – rajeunir – appauvrir – finir – vêtir – partir – déguerpir – aboutir – se munir – prévenir – aplatir – répartir – applaudir

Conjuguer les verbes du 2e groupe au présent

16 * **Parmi les verbes soulignés, retrouve les deux verbes qui sont du 2e groupe. Conjugue ces deux verbes à toutes les personnes.**
Il dessine des plans puis il bâtit des maisons immenses. Il aime son métier d'architecte. Son fils le regarde souvent travailler et pense à son futur métier. Il réfléchit : et s'il devient architecte à son tour ?

17 * **Recopie et complète les phrases avec le verbe qui convient conjugué au présent :**
jaunissent – agit – finissent – réfléchissent – fournit.

- Il ... souvent sans réfléchir.
- Elles ... beaucoup à leur avenir.
- La maîtresse ... la peinture et les pinceaux.
- Les élèves ... leurs devoirs avant d'aller jouer.
- Les feuilles ... avec l'automne.

18 ** **Recopie et complète avec la forme du verbe qui convient.**
- Ils (*rougissent / rougit*) à cause de leurs bêtises.
- Les parents (*punis / punissent*) les enfants quand c'est nécessaire.
- Il (*réfléchis / réfléchit*) toujours avant de parler.
- Je (*choisis / choisit*) toujours la plus grosse part de gâteau.
- Tu (*finissons / finis*) toute ton assiette !
- Avec ce régime, je (*mincis / mincit*) beaucoup.

19 ** **Écris les phrases au présent.**
- Le médecin (*guérir*) tous ses patients.
- Nous (*réfléchir*) avant d'agir.
- Tu (*rougir*) au soleil.
- Marco et Zoé (*réussir*) toujours leurs exercices !
- Vous (*grandir*) à la vitesse grand V.
- La pelleteuse (*démolir*) la grange.

EXERCICES SUPPLÉMENTAIRES

SYNTHÈSE

20 * **Recopie les phrases et entoure en vert les verbes du 1er groupe et en bleu les verbes du 2e groupe.**

- Nous préférons la viande rouge au poisson.
- Ils subissent les assauts des moustiques pendant l'été.
- Je nourris les animaux en fin de journée; ils mangent beaucoup!
- Les parents punissent les enfants qui désobéissent.
- Vous choisissez les meilleurs joueurs dans votre équipe et vous gagnez toujours!

21 ** **Conjugue correctement les verbes entre parenthèses.**

- Je (*jouer*) tous les jours au Loto! Mais je ne (*gagner*) jamais.
- Le commissaire a l'habitude: il (*interroger*) souvent des bandits. Ils (*finir*) toujours par avouer.
- Nous (*commencer*) par des questions simples et vous nous (*fournir*) des réponses rapides.
- Tu (*préparer*) tes vacances: tu (*choisir*) une destination et tu (*acheter*) un guide de voyage.

J'ÉCRIS

Le Tricheur à l'as de carreau, George de La Tour.

Employer des verbes au présent

22 * **Observe bien le joueur qui a les cartes dans le dos.**
Avec les verbes suivants, écris quatre phrases sur ce personnage, au présent de l'indicatif: cacher, tricher, regarder, jouer.

23 ** **Décris ce tableau en construisant des phrases au présent. Tu peux décrire ce que fait chaque personnage, ce qu'il se passe entre eux, tu peux évoquer les couleurs…**

Décrire un tableau

24 ** **Tu arpentes un musée avec des amis à qui tu présentes le tableau *Le Tricheur à l'as de carreau*.**

Écris un petit texte pour présenter ce tableau. Sers-toi des questions 22 et 23 pour t'aider.

Pour commencer:
«Voici un magnifique tableau…
Dans ce tableau, vous remarquez…»

DICTÉE PRÉPARÉE

Le peintre termine son tableau. Il mélange toutes les couleurs de sa palette et les utilise une par une. Il finit son travail et le montre aux autres qui le félicitent.

Le présent de l'indicatif
3e groupe ; avoir et être

La flûte traversière

La flûte traversière a un mécanisme compliqué qui comprend 150 pièces ! C'est un instrument à vent. Elle est en bois ou en métal. Son nom vient du fait qu'on en joue en la tenant en travers, vers la droite. On souffle dans l'embouchure et les notes s'obtiennent en appuyant sur des clés, en écartant bien les doigts. Les sons qu'elle produit rappellent le chant mélodieux[1] des oiseaux. Elle est divisée en trois parties : une tête (aussi appelée *embouchure*), un corps et une patte.

Comment boucher les 15 trous de la flûte avec 9 doigts ?

Grâce à des clés ! Une clé permet donc à un seul doigt d'ouvrir ou de fermer plusieurs trous à la fois. Malgré cet ingénieux système, on ne peut tout de même pas en jouer quand on a les doigts trop petits ! Chaque clé contient un tampon, qui permet de bien fermer les trous et d'obtenir le son juste.

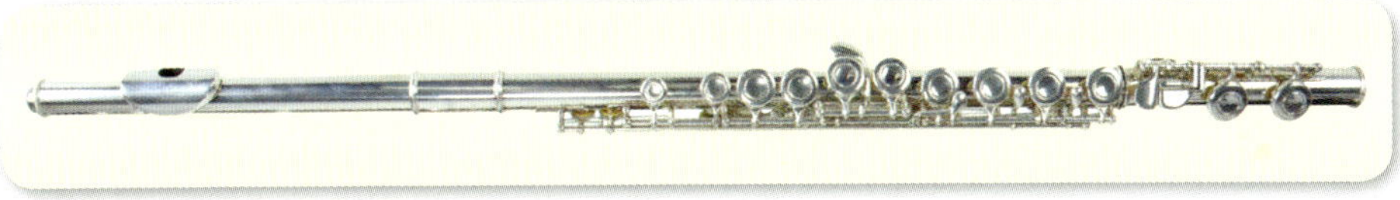

D'après Claude CLÉMENT, *Les Instruments de musique*, Éd. Milan Jeunesse.

1. *mélodieux* : agréable à entendre.

Je comprends

a. **Que décrit ce texte ?**

b. **La flûte traversière peut être :**
en métal – en bois – en plastique.

c. **Réponds par vrai ou par faux.**
- La flûte traversière contient 9 clés.
- On en joue en la tenant vers la gauche.
- Les clés contiennent toutes un tampon.

d. **À quoi ressemble le son de la flûte ?**

Je découvre

1 **Relève les verbes en rouge dans le texte et donne leur infinitif.**
Exemple : comprend → infinitif : comprendre.

2 **Quel verbe en rouge est au pluriel ?**

3 **Mets les phrases au pluriel.**
- La flûte traversière **a** un mécanisme compliqué.
  → Les flûtes traversières ... un mécanisme compliqué.
- Elle **est** en bois ou en métal.
  → Elles ... en bois ou en métal.

J'apprends

Les verbes du 3e groupe au présent

Au présent de l'indicatif, les verbes du 3e groupe ont des **conjugaisons différentes**.
La plupart ont les **terminaisons** suivantes : -s, -s, -t ou -d, -ons, -ez, -ent.

– **aller** : je vais, tu vas, il va, nous allons, vous allez, ils vont.
– **dire** : je dis, tu dis, il dit, nous disons, vous dites, ils disent.
– **faire** : je fais, tu fais, il fait, nous faisons, vous faites, ils font.
– **partir** : je pars, tu pars, il part, nous partons, vous partez, ils partent.
– **pouvoir** : je peux, tu peux, il peut, nous pouvons, vous pouvez, ils peuvent.
– **prendre** : je prends, tu prends, il prend, nous prenons, vous prenez, ils prennent.
– **venir** : je viens, tu viens, il vient, nous venons, vous venez, ils viennent.
– **voir** : je vois, tu vois, il voit, nous voyons, vous voyez, ils voient.
– **vouloir** : je veux, tu veux, il veut, nous voulons, vous voulez, ils veulent.

→ Voir les tableaux de conjugaison, pp. 183-184

Je m'exerce

4 * **Reformule la règle :**
Le verbe *aller* se termine en *-er* mais il appartient au ... groupe.
Au présent, les verbes du 3e groupe ont souvent les terminaisons suivantes : ... .

Reconnaître les verbes du 3e groupe au présent

5 * **Dans chaque liste, relève les verbes qui appartiennent au 3e groupe.**
- je dis – je mange – je prends – je veux – je pars – je joue
- tu aimes – tu peux – tu viens – tu vas – tu casses – tu arrives
- il arrive – il vient – il fait – il marche – il avance
- nous allons – nous respirons – nous voulons – nous partons
- vous savez – vous dégustez – vous pensez – vous faites
- ils veulent – ils préfèrent – ils partent – ils pédalent – ils peuvent

6 * **Retrouve l'infinitif de chaque verbe conjugué.**
je veux – nous pouvons – ils viennent – il va – tu fais – vous dites – elle part

Conjuguer les verbes du 3e groupe au présent

7 * **Recopie avec les terminaisons des verbes au présent.**
Tu vien... en train ou en avion ? Moi, je prend... souvent le train mais si tu veu... plutôt prendre l'avion, je peu... venir te chercher à l'aéroport. Tu va... réserver tes billets très vite, d'accord ?

8 ** **Recopie les phrases en conjuguant les verbes entre parenthèses au présent.**
- Jeanne (*partir*) pour New York.
- Nous (*prendre*) le métro pour aller travailler.
- Je (*venir*) enfin de comprendre ce problème de mathématiques !
- Vous (*faire*) de l'escalade tous les jeudis.
- Marie et Lilou (*voir*) toujours la vie en rose !

9 ** **Recopie le texte en conjuguant les verbes entre parenthèses au présent.**
Nous (*partir*) au travail très tôt. Nous (*vouloir*) prendre l'autoroute. Je (*voir*) déjà les embouteillages que nous (*aller*) affronter ! Dans ce cas-là, les voitures (*faire*) une vaste marée jusqu'au péage et cela (*faire*) des kilomètres de bouchon.

j'apprends

Avoir et être au présent

Avoir	Être
j'**ai**	je **suis**
tu **as**	tu **es**
il, elle, on **a**	il, elle, on **est**
nous av**ons**	nous **sommes**
vous av**ez**	vous **êtes**
ils, elles **ont**	ils, elles **sont**

→ Voir les tableaux de conjugaison, p. 184

je m'exerce

10 * **Reformule la règle :**
Avoir au présent : j'ai, tu ..., il ..., nous ..., vous ..., ils ont.
Être au présent : je suis, tu ..., il ..., nous sommes, vous ..., ils ... .

Reconnaître les formes de *avoir* et *être* au présent

11 * **Recopie et complète avec la personne qui convient : je, tu, elle, nous, vous, ils.**
- ... suis – ... a – ... avons – ... sont – ... avez – ... es
- ... as – ... êtes – ... ont – ... sommes – ... est

Conjuguer *avoir* et *être* au présent

12 * **Recopie avec la forme du verbe être qui convient.**
Je (*suis / es*) rassurée : les enfants (*est / sont*) entre de bonnes mains. Luc, tu (*es / êtes*) toujours aussi patient avec les enfants !

13 ** **Recopie et complète avec les formes du verbe être qui conviennent.**
Simon ... plus jeune qu'Émilie mais Émilie ... plus maligne que lui ! Ils ... tous les deux amis mais je ... souvent surpris de voir comme ils ... différents. Vous n'... pas d'accord ?

14 ** **Recopie et complète avec les formes du verbe avoir qui conviennent.**
J'... les cheveux roux et ma sœur ... les cheveux blonds. Pourtant, nos parents ... les cheveux châtains tous les deux !

15 ** **Recopie le texte en conjuguant les verbes entre parenthèses au présent.**
J'(*avoir*) peur de m'ennuyer en colonie. Mais les autres enfants (*être*) sympas et nous (*avoir*) beaucoup de points communs. Nous (*être*) très occupés ! Les animateurs (*avoir*) plein d'idées pour nous : jeux d'eau, tournois de foot... Rien n'(*être*) laissé au hasard !

16 ** **Être ou avoir ? Recopie et complète avec le verbe conjugué manquant.**
- J'... beaucoup de tendresse pour ma cousine Paola. Je ... toujours contente de la voir.
- Lucie ... toujours le sourire aux lèvres même quand elle ... fatiguée ou pressée.
- Nous ... voisines et nous ... une rivière au fond de nos jardins.

17 ** **Recopie les phrases en les mettant au pluriel, à la personne correspondante.**
Exemple : J'ai peur dans le noir.
→ *Nous avons peur dans le noir.*
Je suis dans la chambre. • Elle est en colère et elle a raison. • Tu as assez d'argent ?

18 ** **Récris ce texte en remplaçant Simon par Les garçons. Attention : avec « être », il faut accorder les adjectifs.**
Simon a plus d'un tour dans son sac. Il est très futé !
– Tu es prêt ? demande Paul.
– Oui, je suis prêt ! répond Simon.
– Tu as tout prévu ?
– J'ai des provisions pour toute la journée !

EXERCICES SUPPLÉMENTAIRES

SYNTHÈSE

19 * **Recopie les phrases et entoure seulement les verbes du 3e groupe et être et avoir.**

Nous sommes amies depuis l'enfance. Nous avons parfois de petites disputes mais nous réglons vite nos problèmes. Nous finissons toujours par nous réconcilier. On peut vite pardonner quand on est ami.

20 ** **Conjugue au présent les verbes entre parenthèses.**

Le ciel (*être*) gris. Tu (*prendre*) ton imperméable et tu me (*rejoindre*) dans le jardin. Nous (*aller*) ramasser des champignons. Nous (*pouvoir*) faire une bonne fricassée si nous en (*ramasser*) assez. Nous (*avoir*) toute la soirée pour la déguster !

J'ÉCRIS

Employer des verbes au présent

21 * **Observe bien l'image. La jeune femme joue de la harpe. Décris cette image en deux phrases, au présent de l'indicatif.**

Pour t'aider :

- des mots → cordes – instrument – mélodie…
- des verbes → être – avoir – prendre – tenir…

22 ** **Écris un petit texte pour décrire l'image. Tu dois utiliser, au présent de l'indicatif, les verbes pouvoir, être et avoir.**

Présenter un instrument de musique

23 ** **Fais des recherches sur un instrument de musique de ton choix.**
Tu présenteras ensuite ton travail en exposé à tes camarades.

Pour t'aider, lis le petit mémo.

Présenter un instrument de musique

Voici quelques conseils pour présenter l'instrument que tu as choisi à tes camarades :

- donne-leur le **nom de l'instrument** et indique la **famille** à laquelle il appartient (instrument à cordes, à vent, à percussion…) ;
- trouve une **photo** de l'instrument ;
- indique **comment il est fabriqué** ;
- indique **comment on en joue**…

DICTÉE PRÉPARÉE

Les musiciens sont à leur place : le flûtiste a déjà préparé sa flûte, le violoniste accorde son violon, le pianiste appuie sur quelques touches blanches et noires. L'orchestre va bientôt attaquer la symphonie.

Le futur de l'indicatif 1er et 2e groupe

Les dossiers secrets d'Éric

Mercredi 15 novembre, 10 h

Moi, Éric, 10 ans, je commence aujourd'hui ces « dossiers E ». Attention, j'ai bien dit « dossiers E », et pas « journal intime ». Un « journal intime », c'est pour les filles-nunuches, et ça n'a rien à voir : dans ce bloc-notes, je noterai toutes mes enquêtes secrètes (le E, c'est à la fois pour Éric et pour Enquêtes).

Je veux devenir détective, plus tard, alors j'ai décidé de m'entraîner dès à présent. Évidemment, je ne démarrerai pas ma carrière avec des histoires de meurtre, de fous furieux qui cassent tout ou qui gardent des gens en otage : ça n'arrive pas tous les jours… Pourtant, je suis certain que je trouverai des tas d'énigmes à résoudre et ainsi, je m'exercerai.

Je serai encore plus fort que Patrick. Patrick, c'est mon beau-père […]. Je l'adore. Il est commissaire de police.

[…] Bref. En me couchant hier soir, j'ai pris ma décision. À partir de maintenant, j'ouvrirai l'œil et dès que je verrai quelque chose de louche, je mènerai l'enquête.

Comme Patrick.

Sylvie de MATHUISIEULX, *La bague des maths*, collection Hatier Poche,
Éd. Hatier Jeunesse.

Je comprends

a. Quel est le mois où Éric commence à rédiger ces dossiers secrets ?

b. Dans ces dossiers, Éric va raconter…
- … ses histoires d'amour.
- … ses enquêtes.
- … sa vie de famille.

c. Réponds par vrai ou par faux.
- Éric est commissaire de police.
- Patrick est le frère d'Éric.
- Patrick travaille dans la police.
- Éric voudrait faire le même métier que Patrick.

Je découvre

1 **Les mots en bleu et en rouge dans le texte expriment :** le passé – le présent – le futur.

2 **Quels verbes appartiennent au 1er groupe : ceux en bleu ou ceux en rouge ?**

3 **Donne l'infinitif de chacun des verbes en bleu et en rouge.**

4 **Récris la phrase suivante en commençant par *Demain*.**
Exemple : J'écris mon journal.
→ *Demain, j'écrirai mon journal.*
Je commence les dossiers E.

j'apprends

Les verbes du 1er groupe au futur

- Au **futur**, pour conjuguer les verbes du **1er groupe** (infinitif en -**er**), on ajoute à l'infinitif les terminaisons suivantes : -**ai**, -**as**, -**a**, -**ons**, -**ez**, -**ont**.

chanter	**remarquer**
je chanter**ai**	je remarquer**ai**
tu chanter**as**	tu remarquer**as**
il, elle, on chanter**a**	il, elle, on remarquer**a**
nous chanter**ons**	nous remarquer**ons**
vous chanter**ez**	vous remarquer**ez**
ils, elles chanter**ont**	ils, elles remarquer**ont**

- **Remarque** : pour repérer le futur ou le conjuguer, on peut utiliser des **indicateurs de temps** comme : *demain…, bientôt…, plus tard…, le week-end prochain…*

Exemple : Aujourd'hui, je mange du poisson. **Demain**, je mangerai de la viande.

→ Voir les tableaux de conjugaison, p. 183

je m'exerce

5 * **Reformule la règle :**
Les verbes du 1er groupe se conjuguent au futur avec les terminaisons suivantes : -ai, -…, -…, -ons, -…, -ont.
On repère souvent le futur grâce à des … .

Reconnaître le futur des verbes du 1er groupe

6 * **Recopie les verbes qui sont au futur.**
vous goûtez – nous essayons – vous tenterez – ils retrouvent – j'expliquerai – il préfère – tu remarqueras – je penserai

7 ** **Relève les verbes au futur.**
Je sais quel métier j'exercerai plus tard : vulcanologue ! J'explorerai les volcans, je m'approcherai de la lave et je prélèverai des échantillons pour recueillir des informations. C'est dangereux mais cela me passionne ! Rien ne m'arrêtera dans mes expéditions.

Conjuguer les verbes du 1er groupe au futur

8 * **Associe la personne avec le verbe au futur qui correspond.**

1re personne du singulier •	• Tu joueras
2e personne du singulier •	• Vous manquerez
3e personne du singulier •	• Je distinguerai
2e personne du pluriel •	• Il rangera

9 * **Complète avec les terminaisons du futur qui conviennent.**
L'été prochain, tu retourner… au même endroit en vacances. Tu retrouver… tes amis. Vous vous raconter… votre année scolaire. Vous passer… de bons moments ensemble. Tu rapporter… quelques souvenirs à ta famille. Tes parents te retrouver… en bonne santé et tout bronzé !

10 ** **Récris chaque phrase au futur en commençant par demain, plus tard, ce soir…**
Exemple : Je rentre tôt du travail.
→ ***Ce soir**, je **rentrerai** tôt du travail.*

- Thomas et Lucie mangent une tarte aux poires.
- Je pense à toi.
- Tu arrêtes de faire des bêtises.
- Vous préparez vos valises.
- Il participe à un tournoi de poker.
- Nous regardons un DVD.

J'apprends

Les verbes du 2e groupe au futur

Au **futur**, pour conjuguer les verbes du **2e groupe** (infinitif en **-ir**), on ajoute à l'infinitif les terminaisons suivantes : **-ai**, **-as**, **-a**, **-ons**, **-ez**, **-ont**.

finir	**grandir**
je fini**rai**	je grandi**rai**
tu fini**ras**	tu grandi**ras**
il, elle, on fini**ra**	il, elle, on grandi**ra**
nous fini**rons**	nous grandi**rons**
vous fini**rez**	vous grandi**rez**
ils, elles fini**ront**	ils, elles grandi**ront**

→ Voir les tableaux de conjugaison, p. 183

Je m'exerce

11 * **Reformule la règle :**
Les verbes du 2e groupe se conjuguent au futur avec les terminaisons suivantes : -ai, -..., -..., -..., -..., -ont.

Reconnaître le futur des verbes du 2e groupe

12 * **Relève les verbes du 2e groupe.**
tu parieras – nous obéirons – vous désirerez – elle finira – ils sortiront – elles guériront – je déchirerai – tu nourriras – ils feront

13 ** **Relève les verbes du 2e groupe et donne leur infinitif.**
Ces travaux ne finiront donc jamais ! Certes, le nouveau carrelage embellira la salle de bains mais les rénovations de plomberie ralentiront la pose du carrelage. On n'en sortira donc jamais ! Je choisirai la couleur de la peinture plus tard même si, selon moi, le blanc agrandira la pièce.

Conjuguer les verbes du 2e groupe au futur

14 * **Recopie et complète avec le pronom personnel qui convient.**
... bâtiront – ... bondirai – ... ralentirez – ... réfléchirai – ... maigriras – ... choisirez – ... ralentirons – ... frémiront – ... envahira – ... désobéiras – ... applaudirai – ... démolirons

15 * **Complète avec les terminaisons du futur qui conviennent.**
Les enfants t'obéir... sagement, ne t'inquiète pas. Ils finir... leurs devoirs. Ils choisir... un film que vous regarder... tous ensemble. Tu agir... comme je te l'ai demandé. Tu les réunir... pour lire une histoire avant de les coucher.

16 ** **Mets les phrases au futur.**
- Demain, nous (*finir*) de tapisser la chambre de Léa.
- Cet après-midi, vous (*nourrir*) les petits chats de la voisine.
- Samedi prochain, l'avion (*atterrir*) à 22 heures.
- Ce soir, tu ne (*désobéir*) pas à la baby-sitter.
- Dans deux mois, je (*réunir*) tous mes amis pour fêter mon anniversaire.

17 ** **Récris chaque phrase au futur, en remplaçant les mots soulignés par : demain matin, plus tard, la semaine prochaine.**
- Ce matin, Papa rétrécit mon pantalon.
- Maintenant, tu réfléchis à ma proposition.
- Cette semaine, vous gravissez cette colline à vélo.

EXERCICES SUPPLÉMENTAIRES

SYNTHÈSE

18 * **Recopie les phrases qui sont au futur.**
- Tu rangeras ta chambre avant d'aller à l'école.
- Vous emmènerez les enfants se laver les mains.
- Ils dégusteront leur chocolat chaud au petit déjeuner.
- Je me promènerais bien avant la tombée de la nuit.
- Nous apprécions mieux notre glace au soleil.

19 ** **Conjugue au futur les verbes entre parenthèses.**
Je (*ranger*) tes jouets et tu (*ranger*) tes livres. Je t'(*aider*) si tu participes. Nous (*finir*) bien par mettre de l'ordre dans cette chambre ! Je ne te (*punir*) pas cette fois, petite coquine ! Puis nous (*préparer*) un gâteau pour le dessert.

J'ÉCRIS

Employer des verbes au futur

20 * **Continue ce texte en écrivant 4 phrases avec les verbes suivants conjugués au futur : guérir, nourrir, câliner, garder, soigner.**
Je veux devenir vétérinaire. Je m'occuperai de…
Pour t'aider : dresse la liste d'actions que fait un vétérinaire avec les animaux (soigner les animaux, guérir les chats blessés…).

21 ** **Choisis un métier que tu aimerais faire plus tard. Cherche les raisons qui te font choisir ce métier, ce qui te plaît, ce que tu feras. Rédige quelques phrases avec au moins six verbes au futur.**
Pour commencer :
Quand je serai grand, je serai conducteur de camions. Je voyagerai…
Voici quelques idées de métiers :

Écrire un journal intime

22 ** **Comme Éric dans le texte page 83, écris toi aussi ton journal.**
Tu dois indiquer :
- ce que tu as fait hier → tu écris au passé.
- ce que tu fais aujourd'hui, en ce moment… → tu écris au présent.
- ce que tu feras ce soir, demain… → tu écris au futur.

Écrire un journal intime

Pour écrire son **journal intime**, il faut :
- indiquer la **date** du jour et l'**heure** à laquelle on écrit ;
- écrire à la **1re personne du singulier** (*je*) car on parle de soi ;
- employer des expressions qui ressemblent au langage oral (*bon…*, *bref…*, *super…*, *fastoche…*).

DICTÉE PRÉPARÉE

Dimanche 19 juillet, 10 heures
Je finirai mes devoirs de vacances plus tard. Cet après-midi, je me baignerai dans la mer et ensuite je rentrerai travailler.

Le futur de l'indicatif
3e groupe ; avoir et être

Quelle belle vie !

Simon imagine ce que serait sa vie s'il pouvait partir vivre en Afrique et faire tout ce qu'il veut.

Comme on sera grand, on n'ira pas à l'école… On sera grand, mais pas trop quand même. Alors on pourra jouer toute la journée. Jouer, ce sera un peu notre travail !

On montera sur le dos des zèbres sauvages et puis on sautera au-dessus des lions endormis au soleil. Quand ces gros fainéants se réveilleront, on sera déjà très loin ! Ils ne pourront jamais nous rattraper.

On escaladera les montagnes. Des montagnes plus hautes que les nuages. On montera au sommet. Là-haut, tout sera encore plus beau. Et quand on en aura assez, zouuuuuuu ! On se laissera glisser sur les pentes des montagnes–toboggans. Ouuuaaaaahhhhhhh ! Quelle descente !

Le soleil sera peut-être haut dans le ciel. On aura peut-être trop chaud. Alors on s'abritera à l'ombre des arbres de la forêt. On rendra visite aux gorilles et aux chimpanzés. Ils nous apprendront dix mille acrobaties.

Au goûter, on boira des oranges pressées sans se presser. Puis le soir viendra…

Marc CANTIN, *Demain, je serai africain*, coll. Cascade Arc-En-Ciel, Éd. Rageot.

Je comprends

a. Quel « travail » Simon voudrait-il faire ?
dormir – ranger – jouer

b. Quels animaux n'apparaissent pas dans ce texte ?
les girafes – les gorilles – les zèbres – les boas – les chimpanzés – les lions

c. Remets ces phrases dans l'ordre :
- Ensuite, Simon jouera à escalader les montagnes.
- Simon finira la journée à l'ombre des arbres de la forêt.
- Simon joue d'abord sur le dos des zèbres sauvages.

Je découvre

1 Pour chaque phrase, retrouve le verbe en bleu qui s'est échappé du texte !
- Ils ne … jamais nous rattraper.
- On … des oranges pressées.
- On n'… pas à l'école.
- Ils nous … dix mille acrobaties.

2 Observe les verbes en rouge. Quel est l'infinitif des formes conjuguées au futur ?

3 Relève les verbes conjugués au futur dans les lignes 14 à 19 et classe-les dans le tableau.

Verbe conjugué au futur	Infinitif	Groupe
On pourra	pouvoir	3e

J'apprends

Les verbes du 3e groupe au futur

Au futur, les verbes du 3e groupe ont une **conjugaison irrégulière**.
Le **radical change** mais les terminaisons du futur restent les mêmes :
– **aller** : j'irai, tu iras, il ira, nous irons, vous irez, ils iront.
– **dire** : je dirai, tu diras, il dira, nous dirons, vous direz, ils diront.
– **faire** : je ferai, tu feras, il fera, nous ferons, vous ferez, ils feront.
– **pouvoir** : je pourrai, tu pourras, il pourra, nous pourrons, vous pourrez, ils pourront.
– **prendre** : je prendrai, tu prendras, il prendra, nous prendrons, vous prendrez, ils prendront.

→ Voir les tableaux de conjugaison, pp. 183-184

Je m'exerce

4 * **Reformule la règle :**
Le 3e groupe présente au futur des conjugaisons irrégulières : *pouvoir* → je ...ai ; *venir* → vous ...ez ; *aller* → tu ...as.

Reconnaître les verbes du 3e groupe au futur

5 * **Associe les formes conjuguées au futur à l'infinitif qui correspond.**

Tu partiras •	• Voir
Je viendrai •	• Venir
Il ira •	• Partir
Je voudrai •	• Vouloir
Vous verrez •	• Aller

6 ** **Relève les verbes du 3e groupe au futur. Donne leur infinitif.**
Tu voudras du sel ou du ketchup sur tes frites ? Tu pourras prendre des deux si tu veux, mais tu ne viendras pas te plaindre après si c'est immangeable !

Conjuguer les verbes du 3e groupe au futur

7 * **Associe le pronom au verbe conjugué qui correspond.**

Je •	• viendra
Tu •	• prendrons
Il •	• diras
Nous •	• verrai

8 * **Complète avec le pronom sujet qui convient.**
... voudront – ... verra – ... irez – ... pourras – ... dirons – ... ferai – ... deviendra

9 ** **Écris les phrases avec le verbe correctement conjugué au futur.**
• Tu ne (*partira / partiras*) jamais assez tôt.
• Nous (*saurons / sauront*) des sottises.
• Quand (*viendrai / viendrez*)-vous nous rejoindre en vacances ?
• Ils (*dirons / diront*) la vérité !
• Je (*ferait / ferai*) le maximum pour arriver à l'heure à la gare.

10 ** **Recopie et mets les verbes entre parenthèses au futur.**
Ma sœur (*prendre*) le temps de se préparer. Elle (*venir*) nous rejoindre plus tard. Nous (*partir*) après le café mais, avant, nous (*aller*) saluer tes parents. Nous (*faire*) ainsi honneur à nos hôtes.

11 ** **Repère les verbes au présent puis récris ce texte en mettant les verbes au futur.**
Je viens chez toi à 17 heures. Tu peux m'attendre en bas de l'immeuble. Tu fais au mieux pour être prête.

J'apprends

Avoir et être au futur

Avoir	Être
j'aur**ai**	je ser**ai**
tu aur**as**	tu ser**as**
il, elle, on aur**a**	il, elle, on ser**a**
nous aur**ons**	nous ser**ons**
vous aur**ez**	vous ser**ez**
ils, elles aur**ont**	ils, elles ser**ont**

→ Voir les tableaux de conjugaison, p. 184

Je m'exerce

12 * **Reformule la règle :**
Les verbes *avoir* et *être* ont les terminaisons suivantes au futur : -ai, -..., -a, -ons, -..., -... .

Reconnaître les formes de *avoir* et *être* au futur

13 * **Classe les formes conjuguées dans le tableau.**
j'entendrai – je saurai – tu seras – ils auront – vous saurez – vous sonnerez – il avalera – elle aura – je serai – nous irons

Verbe *avoir*	Verbe *être*	Autres verbes
...	...	...

14 ** **Relève les formes conjuguées qui ne sont ni du verbe être, ni du verbe avoir.**
j'aurai – nous oserons – il sera – tu entendras – je serai – ils seront – elles sauront

15 ** **Associe les formes conjuguées d'être et avoir au temps qui correspond.**

Vous étiez •
Je serai •
Il est •
Vous aurez •
Ils avaient •
Ils ont •
Tu seras •
Nous avions •

• passé
• présent
• futur

Conjuguer *avoir* et *être* au futur

16 * **Recopie et complète avec le verbe qui convient : serez – aurai – seras – aurons.**
- Tu ... seul ou vous ... plusieurs pour la grande fête ?
- Nous ... du mal à acheter du pain à cette heure-ci. Au pire, j'... des biscottes pour manger avec le jambon.

17 ** **Recopie avec le verbe conjugué au futur.**
- Vous (*avez / aurez*) de la chance s'il reste du pain d'épices.
- Les serpentins (*seront / sont*) toujours là pour célébrer le nouvel an.
- Promis ! Je (*serai / suis*) à l'heure.

18 ** **Récris chaque phrase en remplaçant le sujet souligné par la personne correspondante au pluriel.**
Exemple : Je serai là à 8 heures.
*→ **Nous** serons là à 8 heures.*
- Elle aura de nouvelles chaussures.
- Tu seras en costume ce soir ?
- J'aurai un peu de retard.

19 ** **Récris le texte en mettant les verbes soulignés au futur.**
Il a un incroyable déguisement de diable et sa sœur a un déguisement effrayant de sorcière. Nous, nous avons des déguisements d'anges. Et vous, vous êtes déguisés ?

EXERCICES SUPPLÉMENTAIRES

SYNTHÈSE

20 * **Recopie les phrases qui sont au futur.**
- Vous dites parfois des choses surprenantes !
- Il partira en vacances dès le 1er juillet.
- Nous prenons plus souvent le train que l'avion.
- Vous serez surpris de découvrir cette magnifique île.

21 ** **Conjugue au futur les verbes entre parenthèses.**
Vous (*vouloir*) un biscuit avec votre thé ? Vous (*voir*) bien si vous avez faim ou pas. Je (*pouvoir*) vous donner aussi un fruit. Vous (*être*) tentée par une promenade en vélo après ? Nous (*faire*) le tour du lac.

J'ÉCRIS

Employer des verbes au futur

22 * **Imagine, comme Simon dans le texte page 87, que tu pars vivre en Afrique et que tu peux faire tout ce que tu veux… Écris quatre phrases de ton choix pour décrire ce que tu feras :**
- deux phrases avec le verbe **avoir** au futur,
- deux phrases avec le verbe **être** au futur.

23 ** **Choisis un des paysages suivants. Imagine que tu peux aller dans un de ces endroits. Que ferais-tu ?**

Tu dois utiliser les verbes avoir, être, pouvoir, faire, aller, prendre au futur.
Exemple : J'irai sur la plage…

Écrire une prédiction

24 ** **Lors d'un séjour en Afrique, un enfant rencontre un sorcier africain qui lui prédit son avenir et les aventures qui l'attendent. Imagine ce qu'il peut dire à cet enfant. Attention, puisqu'il lui dit ce qu'il fera dans l'avenir, le sorcier utilise le futur.**

Pour commencer : « Enfant, un grand avenir t'attend. Tu iras dans des pays lointains et tu… »

Pour t'aider : le sorcier peut parler du lieu où vivra l'enfant, du métier qu'il fera, de ses voyages…

DICTÉE PRÉPARÉE

Quand je serai dans la forêt, je n'aurai peur de rien. Tu pourras venir avec moi : nous irons entre les arbres. Je ferai attention aux dangers. Nous ne serons attaqués par aucune bête féroce.

L'imparfait de l'indicatif 1er et 2e groupe

La source de Tit-N-Oudad

Dans les jardins qui fournissaient toute l'alimentation destinée aux habitants d'Idélès[1], les jardiniers s'affairaient sous les grandes palmes qui les protégeaient du soleil. L'eau claire courait dans de petites rigoles. Il faut avoir traversé sous un soleil torride les ruelles surchauffées du village pour sentir le bonheur de se trouver brusquement plongé sous cette coupole de verdure. Formé par les palmes recourbées qui se rejoignaient, ce feuillage tissait un dais[2] verdoyant entre le ciel et la tiède humidité du sol.

Dans les innombrables petits jardins clos de murs en terre sèche, vous ne voyiez que de la verdure, le sol disparaissait sous les piments, les poivrons, les melons d'eau et mille plantes familières. Un parfum de menthe très puissant s'exhalait de la terre mouillée. Quels soins il avait fallu pour maintenir cette végétation luxuriante à deux pas de la montagne brûlée !

André VOISIN, *Contes traditionnels du désert*, Éd. Milan.

1. *Idélès* est en Algérie, en Afrique du Nord.
2. *un dais* : sorte de tenture.

Je comprends

a. Comment s'appelle le village où se déroule l'histoire ?

b. Comment les jardiniers sont protégés du soleil ?

c. Que signifie le verbe « s'exhalait », l. 14 ?

d. Que ne trouve-t-on pas dans ces jardins ?
Des poivrons – des tomates – des poireaux – des piments – de la menthe.

Je découvre

1 Les mots en couleur dans le texte expriment des actions dans :
le passé – le présent – le futur.

2 Associe chaque sujet au verbe qui convient.
- Je – Il – Les gens
- regardais – garnissait – tricotaient – restais – envahissaient

3 Donne l'infinitif et le groupe des verbes suivants en les classant dans le tableau ci-dessous.
tu établissais – nous semblions – ils arrondissaient – j'assistais – vous mélangiez

Verbe	Infinitif	Groupe
Ils **marchaient**	marcher	1er groupe

J'apprends

Les verbes du 1er groupe à l'imparfait

- À **l'imparfait de l'indicatif**, pour conjuguer les verbes du **1er groupe** (infinitif en **-er**), on ajoute les terminaisons suivantes : -ais, -ais, -ait, -ions, -iez, -aient.
- Les **terminaisons** s'ajoutent au **radical** pour conjuguer le verbe à l'imparfait.
chanter : je **chant**ais, tu **chant**ais, il **chant**ait, nous **chant**ions, vous **chant**iez, ils **chant**aient.

→ Voir les tableaux de conjugaison, p. 183

Je m'exerce

4 * **Reformule la règle :**
À l' ..., les terminaisons sont : -ais, -..., -..., - ..., -..., -aient.
On ajoute ces terminaisons au ... pour conjuguer les verbes du ... groupe à l'imparfait.

Reconnaître les verbes du 1er groupe à l'imparfait

5 * **Relève les formes à l'imparfait.**
je marche – tu chantais – vous écoutez – elles pédalaient – on souhaitait – vous nagez – nous préparions – ils évaluaient – je progresse – elle dansait – tu manges

Conjuguer les verbes du 1er groupe à l'imparfait

6 * **Conjugue les verbes suivants à la première personne du singulier. Pour t'aider : commence ta phrase par « hier ».**
Exemple : passer → je passais (Hier, je passais).
couper – libérer – pédaler – manger

7 * **Associe chaque sujet avec un verbe qui convient.**

Les ballons •	• pleuraient
Nous •	• marchions
Fatima et toi •	• dansiez
Anaëlle •	• roulaient
Je •	• rigoliez
Tu •	• criais
Ils •	• se concentrait
Vous •	• nageais

8 ** **Conjugue les verbes suivants à la 1re et à la 3e personne du pluriel.**
Exemple : arracher → nous arrachions, ils arrachaient.
observer – calculer – corriger – jouer

9 ** **Recopie les phrases suivantes en conjuguant les verbes entre parenthèses à l'imparfait. Entoure les terminaisons.**
- Avant, elle (*répéter*) toujours les consignes.
- Les enfants (*arriver*) en retard.
- Mes copains et moi (*aimer*) aller au cinéma.
- Enfant, tu (*penser*) que les fantômes (*exister*).
- Hier, Sami (*regarder*) les escargots.
- Avant d'aller chez le médecin, tu (*éternuer*) sans cesse.

10 ** **Mets ce texte à l'imparfait.**
Mes parents et moi (*habiter*) un grand immeuble. Il y (*avoir*) quinze étages. Quand l'ascenseur (*tomber*) en panne, je (*monter*) douze étages à pied ! J' (*arriver*) complètement essoufflé.

11 ** **Complète ce texte à l'imparfait avec les verbes suivants : être – rigoler – monter – assister.**
Le chef des pompiers ... à la scène, impuissant. Les flammes ... à l'étage supérieur. Heureusement, c'... pour un tournage de film ! Les comédiens ... entre eux.

J'apprends

Les verbes du 2e groupe à l'imparfait

- À l'imparfait de l'indicatif, les verbes du **2e groupe** (infinitif en **-ir**), prennent les mêmes terminaisons que les verbes du 1er groupe :
  -ais, **-ais**, **-ait**, **-ions**, **-iez**, **-aient**.
- Attention : pour les verbes du 2e groupe, on place **-iss-** entre le radical et la terminaison.
  finir : je finissais, tu finissais, il finissait, nous finissions, vous finissiez, ils finissaient.

→ Voir les tableaux de conjugaison, p. 183

Je m'exerce

12 * **Reformule la règle :**
À l'imparfait de l'indicatif, pour les verbes du 2e groupe, on ajoute … entre le radical et la … .

Reconnaître les verbes du 2e groupe à l'imparfait

13 * **Dans ce texte, relève les verbes conjugués à l'imparfait et donne leur groupe.**
Dans la cour, les enfants semblaient plus joyeux que d'habitude. Le ballon bondissait de main en main. La maîtresse finissait de discuter avec Luis quand la balle brisa la vitre. Le directeur semblait furieux. Il n'aimait pas qu'on détériore l'école.

14 * **Parmi ces verbes conjugués à l'imparfait, recopie ceux du 2e groupe.**
je courais – je nourrissais – je gravissais – je partais – je rougissais

Conjuguer des verbes du 2e groupe à l'imparfait

15 * **Conjugue les verbes suivants aux trois personnes du pluriel, au présent puis à l'imparfait : réussir – saisir – grandir.**
Exemple : atterrir
→ ***présent*** *: nous atterrissons, vous atterrissez, ils atterrissent.*
→ ***imparfait*** *: nous atterrissions, vous atterrissiez, ils atterrissaient.*

16 * **Recopie et complète chaque verbe conjugué avec un pronom personnel sujet qui convient.**
… gravissiez – … définissais – … rajeunissaient – … choisissais – … rougissions – … noircissais – … franchissaient – … réussissait

17 ** **Conjugue les verbes suivants à l'imparfait, à la personne du pluriel correspondante.**
Exemple : je salissais → nous salissions.
tu embellissais – il grandissait – je bondissais – elle finissait – tu réfléchissais – j'obéissais – il bâtissait – tu accomplissais

18 ** **Recopie en conjuguant les verbes entre parenthèses à l'imparfait.**
- Le tunnel (*s'agrandir*) à mesure que les travaux (*avancer*).
- Le matelas (*amortir*) le choc.
- Avec le jet, nous (*remplir*) les arrosoirs.
- Les pommes (*pourrir*) à terre, dans le jardin.
- Je (*finir*) toujours mon bol de soupe.
- L'accusé (*pâlir*) en entendant le jugement.

19 ** **Complète le texte à l'imparfait avec les verbes suivants : rafraîchir – pâlir – s'assombrir – maigrir.**
Le ciel …, l'orage grondait. Le capitaine du bateau donna l'ordre de baisser les voiles. Le temps se …, et je … de frayeur. Je … jour après jour. Ce voyage fût le plus dur de toute ma carrière de moussaillon.

EXERCICES SUPPLÉMENTAIRES

SYNTHÈSE

20 * **Recopie les verbes du 1er et du 2e groupe conjugués à l'imparfait de l'indicatif. Donne leur infinitif et leur groupe.**

Harry Potter restait dans sa chambre en compagnie de sa chouette, Hedwige. Il passait ses journées à lire ses manuels scolaires. Hedwige ne cessait de ramener des cadavres de souris. Tante Pétunia finissait par ne plus venir faire le ménage. Elle pâlissait devant tant de saletés. Elle n'avait jamais vu cela. Quand Harry sortait de sa chambre, sa tante le disputait.

21 ** **Recopie et complète ce texte avec les verbes du 1er et du 2e groupe suivants, à l'imparfait de l'indicatif. Attention aux accords !**

tomber – jouer – sauter – finir – encourager – se dérouler – grossir – marquer

Le match ... bien. Les enfants ... avec ardeur. Aucune équipe ne ... de but. L'entraîneur ... sur le bord du terrain, il ... ses joueurs. La rencontre ... dans dix minutes. Mais le temps était maussade ! La pluie ... fort, les gouttes ..., le match fut suspendu. Les joueurs se précipitèrent vers les vestiaires. Au même moment, un vaisseau spatial atterrit sur le terrain.

J'ÉCRIS

Employer des verbes à l'imparfait

22 * **Voici un vélo ancien. Décris-le en deux phrases, en commençant par autrefois et en utilisant les verbes pédaler et gravir.**
Tu dois conjuguer les verbes à l'imparfait de l'indicatif.

Pour t'aider, voici quelques mots : freins – vélo – gens – drôle – grande roue – petite roue.

23 ** **À l'aide des verbes suivants, écris trois phrases à l'imparfait de l'indicatif, pour expliquer comment on se servait de ce vélo ancien : rouler – pédaler – freiner – réussir – gravir.**

Pour t'aider : tu peux commencer tes phrases par « Autrefois », « Avant »...

Écrire la suite d'une histoire

24 ** **Que raconte le texte de l'exercice n° 21 ? L'histoire te semble-t-elle terminée ?**
Écris un petit texte pour terminer cette histoire. Imagine la réaction des joueurs quand ils ressortent du vestiaire pour finir le match.

Pour t'aider :
- Pense à mettre la **ponctuation** dans tes phrases et à bien **conjuguer les verbes**.
- Les actions doivent être **dans l'ordre**.
- N'oublie pas d'écrire une **phrase de fin** !

DICTÉE PRÉPARÉE

À l'aube, j'allais ramasser des pommes dans le pré. Mon grand-père finissait de bricoler son vélo. Il choisissait ses outils avec soin. Nous discutions des heures de sa bicyclette qui vieillissait et des pommes qui rougissaient.

L'imparfait de l'indicatif 3e groupe ; avoir et être

Harry Potter au *Chaudron baveur*

Sur les trottoirs, la foule était dense, mais Hagrid était si grand qu'il n'avait aucun mal à se frayer un chemin et Harry restait prudemment dans son sillage. La rue dans laquelle ils marchaient paraissait aussi ordinaire que les passants qui les entouraient. Y avait-il vraiment des montagnes d'or magique enterrées à des kilomètres sous leurs pieds ? Y avait-il vraiment des boutiques qui vendaient des grimoires et des balais volants ? N'était-ce pas plutôt une farce énorme que lui avaient faite les Dursley ? Si Harry n'avait pas su que les Dursley ne possédaient pas le moindre sens de l'humour, il aurait pu le penser. Mais même si tout ce que lui avait raconté Hagrid jusqu'à maintenant était incroyable, Harry ne pouvait s'empêcher de lui faire confiance. Soudain, Hagrid s'arrêta net.

– C'est là, dit-il. Le chaudron baveur. Un endroit célèbre.

C'était un pub minuscule et miteux, coincé entre une grande librairie et une boutique de disques. Si Hagrid ne le lui avait pas montré, Harry ne l'aurait jamais remarqué.

J. K. ROWLING, *Harry Potter à l'école des sorciers*, trad. de l'anglais par Jean-François Ménard, Éd. Gallimard.

Je comprends

a. Où suppose-t-on qu'il y a des « montagnes d'or magique » ?

b. Quel est le nom de l'endroit célèbre que cherchent Harry et Hagrid ?

c. Réponds par vrai ou par faux.
- Hagrid a du mal à passer sur le trottoir car il est tout petit.
- Le pub qu'ils trouvent est immense.
- L'endroit est très éclairé et accueillant.
- Harry et Hagrid sont les seuls à voir le pub.

d. À ton avis, qu'est-ce qu'un pub ?

Je découvre

1 Quelle phrase est à l'imparfait ?
« C'est là. » • « C'était un pub. »

2 Observe les verbes en rouge et en bleu. Qu'est-ce qui les différencie ?
leur temps • leur groupe

3 Classe les verbes en couleur dans un tableau.

3e groupe	être	avoir
paraissait	était	...

4 Forme les phrases.

Harry •	• vendaient des grimoires.
La rue •	• n'avait aucun mal à se frayer un chemin.
Des boutiques •	• était dense.
La foule •	• paraissait aussi ordinaire que les passants.
Hagrid •	• pouvait faire confiance à Hagrid.

J'apprends

Les verbes du 3e groupe à l'imparfait

- À l'imparfait de l'indicatif, les verbes du **3e groupe** ont les mêmes terminaisons que tous les autres verbes : -ais, -ais, -ait, -ions, -iez, -aient.

  Exemples : **aller** : j'allais, tu allais, il allait, nous allions, vous alliez, ils allaient.
  pouvoir : je pouvais, tu pouvais, il pouvait, nous pouvions, vous pouviez, ils pouvaient.
  venir : je venais, tu venais, il venait, nous venions, vous veniez, ils venaient.
  vouloir : je voulais, tu voulais, il voulait, nous voulions, vous vouliez, ils voulaient.

- **Attention**, à l'imparfait, le **radical** de certains verbes est **modifié**.

  Exemples : faire → tu **fais**ais ; voir → elles **voy**aient ; paraître → nous **parais**sions ; coudre → je **cous**ais ; asseoir → tu t'**assoy**ais ou tu t'**assey**ais ; voir → il **voy**ait.

→ Voir les tableaux de conjugaison, pp. 183-184

Je m'exerce

5 * **Reformule la règle :**
À l'imparfait de l'indicatif, les verbes du 3e groupe ont les mêmes terminaisons que les autres verbes : -ais, -..., -ait, -..., -iez, -... .
Pour certains verbes, le radical change (*voir* : nous ... ; *paraître* : il ... ; *faire* : vous ...).

Repérer les verbes conjugués à l'imparfait suivant leur groupe

6 * **Classe les verbes à l'imparfait suivant leur groupe : 1er, 2e ou 3e groupe.**
vous saviez – je montrais – nous pensions – nous partions – elles vendaient – tu pouvais – nous redisions – ils bâtissaient

Conjuguer des verbes du 3e groupe à l'imparfait

7 * **Complète avec le pronom sujet qui convient, en t'aidant de la terminaison du verbe.**
... venions – ... allais – ... valaient – ... pouviez – ... payions – ... compreniez – ... sentais – ... cueillions – ... fuyait – ... paraissaient

8 * **Récris chaque phrase à l'imparfait de l'indicatif.**
- Je fais mes devoirs.
- Vous partez à Istanbul.
- Tu veux toujours faire comme moi !
- Nous allons à la patinoire.
- Elles disent la vérité.

9 ** **Conjugue les verbes entre parenthèses à l'imparfait.**
- Quand il (*parvenir*) enfin à parler, plus personne ne l'(*écouter*).
- Quand j'(*être*) petite, je (*faire*) tout ce que je (*pouvoir*) pour me faire remarquer.
- Tu (*comprendre*) la leçon mais tu ne (*voir*) pas pourquoi elle (*être*) si longue !

10 ** **Complète ces phrases avec les verbes proposés, en les conjuguant à l'imparfait : prendre – vouloir – être – parvenir – faire – paraître.**
- Ce personnage ... peur quand il ... la parole.
- Ces vacances ... vraiment formidables.
- Tu ... à me doubler à vélo. Ça ... facile.
- Vous ... toujours avoir le dernier mot.

11 ** **Récris ce texte à l'imparfait. Aide-toi avec des mots comme *hier*, *autrefois*, *avant*...**
Dans le nord du pays, il y a une forêt immense. La végétation y est si dense que même les journées lumineuses paraissent sombres. Les rayons du soleil n'atteignent jamais la couche de mousse qui recouvre le sol. Au centre s'ouvre une clairière où vit tout un village. Le chef fait régner l'ordre. Il connaît tous les habitants et prend les décisions importantes.

j'apprends

Avoir et être à l'imparfait

Avoir	Être
j'avais	j'étais
tu avais	tu étais
il, elle, on avait	il, elle, on était
nous avions	nous étions
vous aviez	vous étiez
ils, elles avaient	ils, elles étaient

Attention : le radical du verbe **être** est modifié quand on le conjugue à l'imparfait. Il ne faut pas confondre l'**accent circonflexe du radical** (*être*) et l'**accent aigu de la conjugaison** (*Tu étais*) !

→ Voir les tableaux de conjugaison, p. 184

je m'exerce

12 * **Reformule la règle :**
Avoir à l'imparfait : j'avais, tu ..., il ..., nous ..., vous ..., ils avaient.
Être à l'imparfait : j'étais, tu ..., il ..., nous étions, vous ..., ils ... .

Reconnaître les verbes *avoir* et *être* à l'imparfait

13 * **Recopie les formes du verbe être et du verbe avoir.**
tu savais – ils avaient – nous pouvions – nous étions – nous sentions – j'étais – vous baviez – on établissait – vous aviez

14 * **Relève les formes à l'imparfait.**
j'ai – vous fûtes – j'aurais – j'avais – il est – ils ont – ils étaient – j'étais – nous avions – nous avons – vous êtes – vous étiez – vous aviez – vous avez – ils avaient

Conjuguer les verbes *avoir* et *être* à l'imparfait

15 * **Repère les sujets et complète les verbes avec la terminaison qui convient.**
Sally ét... heureuse quand elle av... bien joué au tennis. Ses parents ét... toujours là pour l'encourager pendant les matchs ; ils av... envie que leur fille gagne ! Elle n'av... plus qu'à marquer des points ! Toute la famille ét... au premier rang pour la soutenir.

16 * **Associe chaque verbe avec un sujet qui convient, puis invente une phrase complète.**
Exemple : Élise était très gourmande de chocolat.

Élise •	• étions
Fabienne et moi •	• avais
Les footballeurs •	• était
J' •	• avaient

17 ** **Récris ce texte à l'imparfait.**
Mon camarade Djibril (*avoir*) un livre sur les Touaregs. J'(*être*) en admiration devant ce livre. Nous y (*avoir*) trouvé beaucoup d'informations à leur sujet. Les Touaregs (*avoir*) des chameaux résistants. Ils (*être*) toujours en déplacement.

18 ** **Complète ces phrases avec être ou avoir à l'imparfait.**
- J'... en vacances et tu ... du mal à me joindre.
- Nous ... en train de faire nos valises mais Léa ... besoin de nous voir.
- Caroline ... malade à cause du temps et je n'... pas de mouchoir sur moi.
- Hier, Fanny et moi ... le temps de discuter.
- Pierrot et toi ... au courant des résultats ?

19 ** **Relève les verbes et récris ce texte en conjuguant les verbes à l'imparfait.**
Je vais à un cours de natation avec Kiara. J'ai mon goûter dans mon sac. Nous sommes en retard. Ma mère a une réunion importante, elle ne peut pas nous emmener. Heureusement, il y a un bus qui va jusqu'à la piscine.

EXERCICES SUPPLÉMENTAIRES

SYNTHÈSE

20 * **Recopie le texte suivant en conjuguant les verbes à l'imparfait de l'indicatif.**
Nous (*avoir*) de la chance, tout le monde n'(*être*) pas aussi bien placé ! Le spectacle (*pouvoir*) commencer. Les danseurs (*se tenir*) près d'un énorme pantin articulé qui (*paraître*) sorti d'un conte pour enfants. Les comédiens (*courir*) sur la scène. Les spectateurs (*ouvrir*) grands leurs yeux, impressionnés.

21 ** **Relève les verbes conjugués et recopie le texte à l'imparfait de l'indicatif.**
On fait toujours la même chose aux vacances de printemps. Dans la valise, on met un maillot de bain, on prend des lunettes de piscine. Grand-mère nous fait lire tous les soirs. Je ne me plains pas, je sais que j'ai beaucoup de chance ! Mais, parfois, je me dis que partir en colonie avec les copains, c'est bien aussi !

J'ÉCRIS

Employer des verbes à l'imparfait

Chers parents,
Je m'amuse beaucoup en colonie.
J'ai plein de copains. Les animateurs sont très sympas. On va à la piscine, on fait du toboggan. Mon animateur Teddy est super. Il connaît plein de choses.
Je ne lis pas du tout, c'est chouette.
À dans longtemps.
Titouan

22 * **Lis bien la lettre de Titouan. Imagine qu'il est devenu grand et qu'il raconte ce qu'il faisait en colonie de vacances. Tu peux utiliser les verbes** nager, connaître, faire, lire...
Pour démarrer : Quand j'étais petit, j'allais en colonie et je m'amusais...

23 ** **Écris à ton tour une lettre dans laquelle tu racontes en quelques phrases ce que tu as fait durant tes dernières vacances.**
Tu dois utiliser au moins quatre verbes à l'imparfait **de l'indicatif.**

Décrire un paysage de montagne

24 ** **Observe cette photo d'un paysage de montagne. Décris ce que tu vois.**

Quelques mots de vocabulaire pour t'aider :
hauteur, sommet, rocher, clocher...

Décrire un paysage
- On part de l'élément le plus proche (**le premier plan**) pour aller vers le plus lointain (**l'arrière-plan**).
- Il faut employer du **vocabulaire pour situer les éléments** : *devant, en face, au-dessus, en haut, à gauche, au fond, à l'horizon, près de...*
- Pour **éviter d'utiliser trop souvent l'expression « il y a »**, on peut se servir du verbe « voir » et de ses synonymes : *on remarque à droite..., on aperçoit..., on distingue derrière...*

DICTÉE PRÉPARÉE

Harry n'avait pas le choix : il devait entrer dans le manoir et affronter la sorcière dans le noir. Elle était très habile et cachait son vieux grimoire dans une armoire très haute qu'il ne pouvait pas atteindre.

Révisions

Passé, présent, futur

1 Relève l'indicateur de temps et indique le temps de chaque phrase.

- Pendant les dernières vacances, je me réveillais à dix heures tous les matins.
- En ce moment, j'ai un peu mal à la tête.
- Autrefois, les élèves n'allaient pas à l'école le jeudi.
- La classe de CM1 ira en classe de neige en février.

2 Dans chaque phrase, relève le verbe et indique son temps.

- Géraldine fait du vélo au parc.
- La récolte d'abricots sera excellente !
- J'envoie une carte postale à ma grand-mère.
- Il était en retard de vingt minutes.

3 Conjugue correctement le verbe entre parenthèses, en t'aidant de l'indicateur de temps.

- Demain, nous (*aller*) au cirque.
- L'année dernière, ma petite sœur (*marcher*) encore à quatre pattes.
- Actuellement, les élèves (*conjuguer*) des verbes au présent.

Distinguer infinitif et verbe conjugué

4 Recopie les phrases. Entoure en rouge les verbes conjugués et en bleu les verbes à l'infinitif.

- Les hamsters sont malades : ils refusent de manger leurs graines.
- Florian adore les jeux vidéo, mais il déteste perdre !
- Papa fera des crêpes ce soir ; les enfants vont se régaler.

5 Recopie chaque verbe conjugué. Souligne le radical et entoure la terminaison.

je réfléchis – elle tricote – vous regardez – ils dansent – on tombe – il punit – tu souffres – elles attendent – nous courons – on lance

Les trois groupes de verbe

6 Classe les verbes suivants en trois colonnes : 1er groupe, 2e groupe et 3e groupe.

grandir – pouvoir – pleurer – prendre – souffrir – remplir – naviguer – frémir – marcher – partir – unir – faire – nourrir – aller – parler – mentir

Le présent de l'indicatif

Conjuguer les verbes des trois groupes au présent

7 Recopie les phrases en conjuguant les verbes au présent.

- Lilou (*bavarder*) avec sa voisine de droite.
- Ces voyageurs (*partir*) à Lyon par le train.
- Nous (*pouvoir*) battre nos adversaires au football.
- Les cigognes (*nicher*) souvent au-dessus des cheminées.
- Vous (*démolir*) les châteaux de sable.
- Mon père (*conduire*) une moto.

8 Recopie les phrases en conjuguant les verbes au présent.

- La balle (*rebondir*) sur le sol.
- Les escargots (*faire*) une course.
- Nous (*aimer*) les romans policiers.
- Tom et Lolita (*désobéir*) à leur mère.
- Nous (*applaudir*) les artistes après leur numéro.
- Tu (*préparer*) un délicieux cake à la noix de coco et à la mangue.

Conjuguer *avoir* et *être* au présent

9 Complète les phrases avec avoir ou être conjugués au présent.

Tu … l'air fatigué. Tu … très pâle. • Nous … heureux d'accueillir nos cousins. Ils … très envie de nous voir aussi. • Marine et Lisa … de la chance. Elles … à la plage.

Le futur de l'indicatif

Reconnaître les verbes des trois groupes au futur

10 Recopie uniquement les verbes conjugués au futur.

j'ai mis – nous continuerons – ils changent – vous dessinez – tu partais – vous déménagerez – ils ont fini – tu enlèveras – nous essuyons – il fabriquait – on prendra

11 Retrouve l'infinitif de ces verbes conjugués au futur.

ils appelleront – vous voyagerez – elle dira – elle finira – ils envahiront – je salirai – tu chériras – tu lanceras – vous voudrez – nous jetterons – je protégerai – je ferai – il vieillira – ils iront – il partira – nous mangerons – vous prendrez – tu iras – il avancera – je grossirai – je deviendrai – ils descendront – j'apprendrai – elles agiront

Conjuguer les verbes des trois groupes au futur

12 Conjugue les verbes suivants au futur, à la personne demandée.

- *jeter*, 3e personne du pluriel
- *aplatir*, 1re personne du singulier
- *agrandir*, 2e personne du pluriel
- *opérer*, 2e personne du singulier
- *quitter*, 3e personne du singulier
- *gémir*, 1re personne du pluriel

13 Recopie le texte en mettant les verbes entre parenthèses au futur.

Samedi prochain, nous (*jouer*) contre la meilleure équipe du championnat ! Nous (*devoir*) être très en forme pour gagner. Le goal (*tenter*) d'arrêter toutes les balles et l'entraîneur nous (*motiver*). Tous nos amis (*venir*) regarder le match et ils nous (*réconforter*) si nous perdons !

Conjuguer *avoir* et *être* au futur

14 Relève les verbes conjugués au futur et indique leur infinitif.

- Quand je serai grand, je serai musicien.
- Sabrina aura une maison de poupée pour son anniversaire.
- Nous serons sept à table ce soir.
- Après l'école, les enfants auront des devoirs à faire.

L'imparfait de l'indicatif

Reconnaître les verbes à l'imparfait

15 Relève les verbes à l'imparfait.

je pleurerai – vous renonciez – il peint – vous aviez – tu rentreras – il a rangé – nous punissions – il frémissait – il regardait – tu as ralenti – ils accéléraient – il rajeunissait – tu collais – ils étaient – nous vissions – il bloquait – nous faiblissions – elle resplendissait – je suis – je remplissais – nous simplifions – je nourrirai – tu as applaudi – j'avais

16 Relève tous les verbes conjugués à l'imparfait. Indique leur infinitif et leur groupe.

L'année dernière, nous avons monté une pièce de théâtre à l'école. Je jouais le rôle principal. La maîtresse organisait toutes les répétitions. Nous apprenions nos textes avec elle. Nous nous réunissions après la classe. Le soir de la représentation, les parents ont beaucoup applaudi.

Conjuguer les verbes à l'imparfait

17 Conjugue les verbes agir et soulever à toutes les personnes, à l'imparfait.

18 Conjugue les verbes entre parenthèses à l'imparfait.

- Pendant les vacances, tu (*vouloir*) te baigner tous les jours.
- Quand Alix (*être*) petite, elle (*faire*) beaucoup de bêtises.
- Il (*aller*) à son cours d'anglais tous les jeudis.
- Marina (*avoir*) six ans quand elle a perdu sa première dent de lait.
- L'année dernière, je (*relire*) mes leçons tous les soirs.
- Vous (*chanter*) dans la chorale du village.

Orthographe

Le son [s]

Le boa

Coiffé d'un panama
Et aux lèvres un dahlia,
Messire[1] le boa
Se pointe à l'opéra
Là, des souris-bêta
Faisant « hourrah ! hourrah ! »
Invitent ce boa
À rejoindre leur polka[2]
ABRA ET CADABRA
Soudain, à l'opéra,
Il n'y a plus qu'un
BOA
Couché sur un sofa
Qui digère sur un fa :
Souris et falbalas,
Sans oublier ma foi,
Dalilha, la diva !

Andrée CHÉDID, « Le boa », in *La grammaire en fête*, Éd. Flammarion.

1. *messire* : monsieur.
2. *polka* : danse.

Je comprends

a. Ce texte est :
– un extrait de roman.
– une poésie.
– une scène de théâtre

b. Lequel de ces mots ne rime pas avec les autres ?
falbalas – diva – opéra – souris – polka

c. Réponds par vrai ou par faux.
– Le boa porte un chapeau.
– Le boa mange finalement tout le monde.
– Le boa va au cinéma.

Je découvre

1 **Lis à voix haute les mots contenant des lettres rouges et bleues. Quel son entends-tu dans tous ces mots ?**

2 **Que se passe-t-il si l'on enlève un -s dans le mot « Messire » ?**

3 **Lis à voix haute les mots suivants et relève ceux où tu entends le son [s] :**
la salade – un ourson – un blouson – une boisson – le cerveau – une lance – une leçon – correctement – un visage – une balançoire.
Que remarques-tu ?

J'apprends

Écrire le son [s]

- Le **son [s]** s'écrit de différentes manières :
  - **s** → en début de mot (*un sanglier*)
    entre une consonne et une voyelle (*ensorceler*)
    en fin de mot (*un bus, tous*)
  - **ss** → entre deux voyelles (*essayer, une assiette*)
  - **c** → devant e, i, y (*une décision*)
  - **ç** → devant a, o, u (*un garçon, un reçu*)
- Le **son [s]** peut aussi s'écrire **-t** (*une définition*) ou **-sc** (*la piscine*).

Je m'exerce

4 * **Reformule la règle :**
Dans les mots suivants, le son [s] s'écrit :
assez → ss, *un mystère* → ..., *une leçon* → ..., *une racine* → ... .

Reconnaître le son [s]

5 * **Dans quels mots la lettre s s'entend [s] ?**
musée – musique – musclé – cascade – masque – misère – missile – professeur – disque

6 * **Dans les phrases suivantes, recopie les mots avec le son [s]. Attention, il s'écrit de différentes manières.**
Le serpent siffle. Il sait que cela effraie sa proie. Il faut faire attention !

7 ** **Dans le texte suivant, relève tous les mots dans lesquels tu entends le son [s]. Classe-les dans le tableau.**
Je ne sais pas si tu connais l'histoire de ce serpent qui est entré à l'opéra. Il a semé la terreur ! Certains racontent que le boa impatient a mangé ceux qui n'ont pas pu s'échapper assez vite, les filles comme les garçons. Puis il est resté, le temps de la digestion, étendu sur un fauteuil d'orchestre. Il n'avait même pas mauvaise conscience !

Le son [s] s'écrit avec					
s	ss	c	ç	sc	t
...	...	...	...	...	...

Écrire des mots avec le son [s]

8 * **Complète les mots avec s ou ss.**
un pa...ant – un a... – bon...oir – un poi...on rouge – des ...ucreries – un ...ac à dos – la pou...ière – une chau...ette – un de...in

9 * **Recopie le texte et mets la cédille (ç) quand il le faut.**
Les garcons cherchent de quelle facon ils peuvent épater les filles mais ils manquent d'imagination. Ils veulent jouer aux chasseurs, aux macons, aux super héros, mais les filles ne les regardent même pas et ca les décoit !

10 ** **Recopie et complète le texte avec le son [s] correctement orthographié.**
La mi...ion des cha...eurs est a...ez ...imple : capturer les animaux dangereux grâ...e à un fusil qui contient des muni...ions pour les endormir. Ils doivent être di...crets dans la forêt et vite ...'enfuir quand ils ...ont déma...qués !

J'écris

11 * **Écris deux phrases en utilisant les mots souris, serpent à sonnettes et saperlipopette.**

12 ** **Imagine une courte histoire dans laquelle des souris iraient voir une compétition dans un stade. Utilise au moins cinq mots contenant le son [s].**

La lettre g

Le gnou

Où sont les gnous ? Où sont les gnous ? Au fond du trou à faire glouglou ?... Grignotent-ils du caoutchouc, des choux, des cailloux, des hiboux ? Des clous, des clous !... Ces goulus très biscornus ont des goûts plutôt saugrenus. La boue, pour eux, c'est de la gnognote, du gnangnan, de la camelote ! Ils sont gloutons, trognons, grognons. Ont un faible pour les oignons. Pas d'opinion sur les rognons… Ils préfèrent le vermouth[1] au knout[2]. S'en gargarisent tous azimuts et pour tout dire, ce sont des brutes !

Myopes et très misanthropes[3], avec les antilopes jamais ne galopent. Trouvent les okapis trop flapis. Les buffles trop mufles. Le kob trop snob. Le bubal trop banal. Le coudou bien trop mou et l'oryx trop prolixe[4]. Ne sont à l'aise qu'avec les gazelles. Serait-ce un excès de zèle ?... Et d'ailleurs les gazelles, où sont-elles ?...

Albert LEMANT, *Histoires pas très naturelles*, Éd. Seuil Jeunesse.

1. *vermouth* : apéritif alcoolisé.
2. *knout* : fouet.
3. *misanthrope* : qui déteste les gens.
4. *prolixe* : qui parle beaucoup.

Je comprends

a. Réponds par vrai ou par faux.
- Les gnous mangent des clous.
- Les gnous sont doux, pas bruts du tout.
- Les gnous trouvent les okapis trop snobs.

b. Relève tous les noms d'animaux dans le texte et cherche une photo d'eux.

c. Relève les mots familiers.

Je découvre

1 **Comment se prononce la lettre g dans les mots en rouge ?**

2 **Connais-tu des mots dans lesquels la lettre g se prononce [ʒ] ?**

3 **Dans les mots suivants, quel son fait la lettre g placée devant -n ?**
gnognote – oignon – rognon – gnangnan

j'apprends

La lettre g

- La lettre **g** se prononce :
  - [g] devant les lettres **a**, **o**, **u** → *une galette ; un goéland ; un légume.*
    On écrit **gu** devant les lettres **e** et **i** pour obtenir le son [g].
    Exemples : une guirlande ; une bague
  - [g] devant les **consonnes** (sauf le n) → *une glace ; une grille ; un zigzag.*
  - [ʒ] devant les lettres **e** et **i** → *une cage, une girafe.*
- On écrit **ge** devant les lettres **a**, **o** et **u** pour obtenir le son [ʒ].
  Exemples : une vengeance, un pigeon.

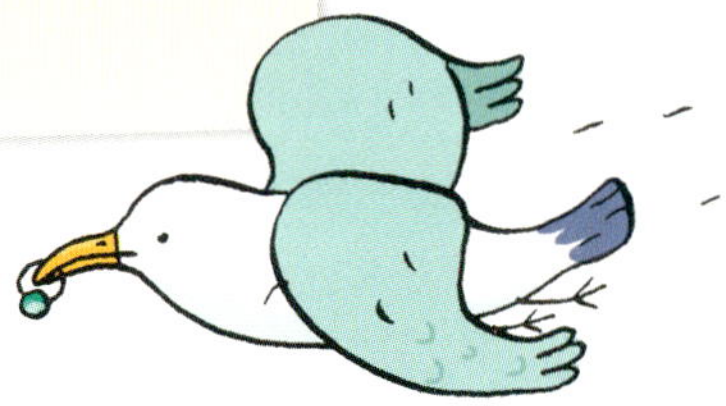

je m'exerce

4 * **Reformule la règle :**
La lettre g se prononce [g] devant … .
La lettre g se prononce [ʒ] devant … .

Reconnaître les valeurs de la lettre g

5 * **Lis les mots suivants et classe-les selon qu'on entend [g] ou [ʒ].**
un géant, une guitare, un gâteau, un trognon, une galipette, une grive, un glapissement, une girouette, un genêt, soigner, longue, la girafe, gris, un alligator, la plage, une grappe, un gilet, bouger, gourmand, un geai

6 ** **Recopie et entoure en rouge les mots avec le son [g] et en bleu ceux avec le son [ʒ].**
Le petit chien glapissait en voyant arriver le garçon, gêné par les longues manches de son blouson trop grand pour lui. Il savait qu'il gardait toujours un peu de son goûter pour le partager avec lui.

Écrire le son [g] et le son [ʒ]

7 * **Complète les mots contenant le son [g] avec g ou gu.**
Quand le …orille s'é…osille, c'est pour appeler sa famille en tapant dans ses mains.
Il donne un …age à tous ceux qui sont en retard. Alors tous accourent ! Les …enons dévalent le chemin en faisant des …alipettes.

8 * **Complète les mots contenant le son [ʒ] avec g ou ge.**
de l'oran…ade – une na…oire – plon…er – un laita…e – ran…er – un ma…icien – un piè…e – une horlo…e – une bou…ie – de l'ar…ent

9 ** **Recopie les phrases avec les mots contenant le son [ʒ] ou le son [g] correctement orthographiés.**
- Le sin…e s'est battu avec la …enon dans la jun…le.
- Paul fait un tour de manè…e puis il man…era une …alette et des bonbons à la …imauve pour le …oûter.
- Il parle deux lan…es étran…ères : an…lais et portu…ais.

j'écris

10 * **Comme pour le gnou page 105, imagine que l'on parle de la guenon et du guépard. Écris une phrase pour chacun en utilisant un mot qui rime, comme dans le texte. Ta phrase doit contenir un mot avec la lettre g.**
Exemple : Le guépard galope au hasard.

11 ** **Rédige une description d'un guépard en utilisant les mots suivants : grignoter, galoper, grand, digérer, agile.
Prends exemple sur les lignes 3 à 5 du texte de la page 105.**

EXERCICES SUPPLÉMENTAIRES

Le son [k]

Abricots, cerises et prunes…

Qu'elles sont jolies les boucles d'oreilles qui rougissent aux branches des cerisiers à la fin du printemps ! Qu'il est agréable d'aller les cueillir sur l'arbre lorsqu'elles sont devenues rouge foncé ou presque noires et tellement juteuses ! Mais attention : comme la pêche, l'abricot ou les prunes, la cerise est un fruit à noyau.

Comme celle de la pêche, la peau de l'abricot est très douce. Ce fruit que l'on ramasse en été prend une belle couleur orange piquetée de rouge lorsqu'il est bien mûr. Sa chair est alors délicieusement sucrée. Son noyau lisse, de forme allongée, cache une amande.

Rouges, violettes, jaunes ou vertes, il existe de nombreuses variétés de prunes. Qu'elles soient petites et rondes comme la mirabelle ou plus grosses et allongées comme la quetsche, elles ont toutes une peau lisse et brillante. C'est elle qui contient toutes les vitamines.

Les fruits et légumes, Éd. Milan Jeunesse, 2003.

Je comprends

a. À ton avis, comment fait-on des boucles d'oreilles avec des cerises ?

b. À la fin de quelle saison mange-t-on des cerises ?

c. La cerise est : un fruit à noyau • un fruit à pépins.

d. Réponds par vrai ou par faux.
- Le noyau de l'abricot cache une cacahuète.
- C'est le noyau de la prune qui contient les vitamines.
- Il existe des prunes bleues.
- La chair de l'abricot est sucrée.

Je découvre

1 Lis à voix haute les mots en rouge et en bleu. Quel son revient dans tous ces mots ?

2 La lettre c fait-elle aussi ce son dans « cerise » ? Pourquoi ?

3 Indique comment s'écrit le son [k] dans les mots suivants.
du ketchup – une barque – kaki – un kiwi – une qualité – un chronomètre – un ticket – accorder – une occasion – un café – des cornichons

J'apprends

Écrire le son [k]

Le **son [k]** s'écrit de différentes manières :

c (uniquement devant a, o, u) → une **c**arafe, un **c**olocataire, **c**ueillir

cc → un a**cc**ord, a**cc**lamer

ch → une **ch**orale

ck → un ro**ck**eur

qu → une **qu**erelle

k → un **k**iwi

Je m'exerce

4 * **Reformule la règle :**

Le son [k] s'écrit **c** devant les voyelles ..., ..., ...
Il peut aussi s'écrire **cc**, ..., ..., **qu** ou **k**.

Reconnaître le son [k]

5 * **Relève tous les mots dans lesquels tu entends le son [k]. Classe-les dans le tableau.**

Le crocodile a les crocs, il croque Émile. Quel carnivore ! Il mange du bifteck de kangourou avec du ketchup. À l'école, rien ne l'intéresse. Il préfère rêver à son occupation préférée : manger ! Il grignote des cacahuètes, en attendant.

Le son [k] s'écrit avec				
c	k	qu	ck	cc

6 * **Écris les mots correspondants aux dessins. Tu peux t'aider du dictionnaire.**

7 * **Recopie et complète les mots suivants en choisissant la bonne orthographe du son [k]. Tu peux t'aider du dictionnaire.**

un ...lasseur – une ...olonie – une pastè...e – ...itter – un ...oala – un or...estre – une é...orce – du va...arme – une ...estion

8 ** **Recopie et complète le texte avec le son [k] correctement orthographié.**

...lara et Ni...ita roulent en auto...ar. Il tombe en panne, ...assé ! Elles ne s'avouent pas vain...ues : elles prendront l'avion ...i les emmènera en Améri..., à ...uba, aux ...araïbes, au ...anada !

9 ** **Récris les mots suivants avec la bonne orthographe du son [k] : cc, k, ch, qu.**

un ...ilo • a...dent • ...itter • une ...rysalide

10 ** **Trouve les intrus et recopie-les.**

quinze, un cadeau, une glace, placer, la couleur, un quiproquo, du cacao, une civilisation, un parking, une piscine, une ronce, cirer, participer, constituer, particulier

J'écris

11 * **Écris deux phrases qui décrivent ce que tu vois sur cette photo. Utilise les deux mots suivants : écolier, écoute.**

12 ** **Trouve quatre mots contenant le son [k] orthographiés de différentes manières et écris un court dialogue entre les deux enfants au 1er plan de la photo.**
Tu peux t'aider des mots suivants : classe, copier, question, craie.

Le son [ã]

Le petit chat blanc

Un petit chat blanc
qui faisait semblant
d'avoir mal aux dents
disait en miaulant :

« Souris mon amie
j'ai bien du souci
le docteur m'a dit :
tu seras guéri

si entre tes dents
tu mets un moment
délicatement
la queue d'une souris. »

Très obligeamment[1]
souris bon enfant
s'approcha du chat
qui se la mangea.

MORALITÉ
Les bons sentiments
Ont l'inconvénient
d'amener souvent
de graves ennuis
aux petits enfants
comme-z-aux souris.

Claude ROY, *Enfantasques*,
Éd. Gallimard.

1. *obligeamment* : poliment.

Je comprends

a. À qui parle le petit chat ?

b. Réponds par vrai ou par faux.
- Le petit chat a vraiment mal aux dents.
- Le petit chat ne mange jamais de souris.
- La souris se fait ruser par le chat.

c. Quelle phrase a le même sens que la moralité ?
- Quand on est un enfant, on peut être mangé par un chat.
- Quand on est trop gentil, on peut avoir de gros soucis.
- Quand on est méchant, on peut avoir de gros soucis.

Je découvre

1 Quelles lettres font le son [ã] dans les mots en bleu ?

2 Quelles lettres font le son [ã] dans les mots en rouge ?

3 Cherche dans le poème un mot qui contient deux écritures différentes du son [ã].

4 Complète les mots suivants avec la bonne orthographe du son [ã].
il m...gea – l'inconvéni...t – un mom...t – une d...t – la t...pête

J'apprends

Écrire le son [ɑ̃]

Le **son** [ɑ̃] s'écrit de différentes manières :
- **an** → *chanter, maman, les vacances...*
- **en** → *une tente, prendre, gentil...*
- **am** (avant *m, b, p*) → *une chambre, un champignon...*
- **em** (avant *m, b, p*) → *emmener, novembre...*

Je m'exerce

5 * **Reformule la règle :**
On écrit le son [ɑ̃] de différentes manières : ... .

Reconnaître le son [ɑ̃]

6 * **Lis bien les mots. Recopie ceux qui contiennent le son [ɑ̃].**
un ange – une anémone – la monnaie – un mensonge – une mésange – une année – le carnaval – une tente – un timbre – une dent

Écrire des mots avec le son [ɑ̃]

7 * **Écris correctement les mots correspondant aux images.**

8 * **Écris en toutes lettres les nombres suivants :** 30 – 40 – 50 – 100 – 160.

9 * **Complète les mots suivants avec an ou en.**
la ch...ce – une br...che – une fr...ge – ...core – un cal...drier – le v...t – gr...d – un tobogg... – un ét...g – ...fin – un pélic...

10 * **Complète les mots avec am ou em.**
longt...ps – ...porter – des c...peurs – un t...bourin – ...bêter – une l...pe – le print...ps – une ...poule – ...mener – sept...bre – une r...pe

11 ** **Recopie et complète les phrases suivantes avec le son [ɑ̃]. Attention à l'orthographe !**
- Ma t...te a offert une belle pl...te à mam... . Elle voulait la mettre dans sa ch...bre mais papa a préféré l'...porter dans le salon, dans l'...gle ...tre la cheminée et la cuisine.
- Il a voyagé contre v...ts et marées p...d...t plus de dix ...s, av...t de revenir raconter ses av...tures au print...ps. Là, il r...contre petits et gr...ds et explique comm...t il a traversé les mers et les océ...s.

J'écris

12 * **Écris une phrase avec au moins trois mots comportant le son [ɑ̃] écrit de différentes manières.**
Exemple : En novembre, le goéland prend la route des pays chauds.

13 ** **Lis ces vers de Robert Desnos, extraits du poème « Le pélican » :**

Le capitaine Jonathan
Étant âgé de dix-huit ans
Capture un jour un pélican
Dans une île d'Extrême-Orient.

Invente quatre autres vers pour continuer le poème. Ils doivent tous rimer en [ɑ̃].
Pour t'aider : enfant, printemps, éléphant, vent, blanc, étonnamment...

Le son [j]

L'écureuil

Dans le tronc d'un platane
Se cache une cabane.
Un petit écureuil
Est assis sur le seuil.
Il mange des cerises,
Tricote une chemise ;
Recrache les noyaux,
Se tricote un maillot ;
Attaque les noisettes,
Fait des gants, des chaussettes...
Qu'importe s'il fait froid !
Tant pis si vient l'hiver !
Une maille à l'endroit,
Une maille à l'envers :
L'écureuil, fort adroit,
Se fait des pull-overs.

Jean-Luc MOREAU

je comprends

a. Dans quel arbre l'écureuil habite-t-il ?

b. Réponds par vrai ou par faux.
- L'écureuil passe son temps à broder.
- L'écureuil tricote des vêtements.
- L'écureuil mange des cerises et des noisettes.

c. Retrouve tous les mots qui riment avec « froid » dans ce texte.

je découvre

1 **Lis à voix haute les mots en bleu. Quel est le son commun à tous ces mots ?**

2 • **Comment s'écrit ce son dans le mot écureuil ?** i – y – il – ill – ll

• **Comment s'écrit ce son dans le mot maillot ?** i – y – il – ill – ll

3 **Recopie et entoure dans les mots suivants les lettres qui donnent le son [j] :** noyaux – maille – vient – seuil.

J'apprends

Écrire le son [j]

- Le son [j] peut s'écrire de différentes façons :
  -i → *camion, cahier* -y → *noyau, voyelle*
  -il → *écureuil, travail* -ill → *maille, citrouille* -ll → *grille, billet*
- À la **fin d'un nom masculin**, on écrit **-eil**, **-euil**, **-ail**.
  Exemples : un soleil – un fauteuil – un rail. *Exception :* un gorille.
- À la **fin d'un nom féminin**, on écrit **-eille**, **-euille**, **-aille**.
  Exemples : une merveille – une feuille – une muraille. *Exception :* une paye.

Je m'exerce

4 * **Reformule la règle :**
Dans les mots suivants, le son [j] s'écrit : avion → ..., seuil → ..., gribouillage → ..., réveil → ..., bille → ..., royaume → ... .

Reconnaître le son [j]

5 * **Recopie les mots où on entend le son [j]. Entoure les lettres qui produisent ce son.**
une grille – le ciel – un indien – un œil – un lit – un épouvantail – un crayon – une multiplication

6 ** **Recopie tous les mots avec le son [j]. Entoure les lettres qui font ce son.**
Cet été, j'ai cueilli des myrtilles dans une jolie clairière à la montagne. Maman en a fait de la confiture. Je me souviens très bien de cette aventure... Ce jour-là, de vilaines abeilles m'ont piqué le lobe de l'oreille et la cheville gauche.

Écrire le son [j]

7 * **Écris les mots correspondants aux dessins.**

8 * **Complète les mots avec -il ou -ill.**
le béta... – le brou...ard – un trava... – un ca....ou – le porta... – de l'a... – a...eurs – une éca...e – un œ...et – un fauteu... – un chevreu... – un épouvanta... – une bata...e

9 * **Complète les mots avec -l ou -ll.**
une boutei...e – un apparei... – une corbei...e – un consei... – un viei... homme – un mervei...eux souvenir – un gri...on

10 ** **Complète les mots en écrivant correctement le son [j].**
une pasti...e – un papi...on – un tu...au – habi...er – un l...on – un chanda... – un charcut...er – ennu...er – un gori...e – un ch...en – un pa...asson – un cito...en – b...en – mou...er – un p...ano – une addit...on

11 ** **Complète le verbe puis conjugue-le au présent, à la personne indiquée.**
*Exemple : envoyer → nous **envoyons**.*
pa...er → vous ... • trava...er → tu ... • netto...er → nous ... • ta...er → je ...

J'écris

12 * **Écris une phrase avec au moins deux mots contenant le son [j].**

13 ** **Invente deux vers qui riment, comme dans ce poème. Tu dois utiliser des mots avec le son [j].**

Quand il y a du brouillard
C'est le jour qui bredouille
La lumière qui se mouille
Le soleil en retard.

H. SERRI et L. SIMÉON, *Les phonèmes et leurs graphies.*

EXERCICES SUPPLÉMENTAIRES

Le son [o]

Bestiaire des animaux à l'aise dans leur peau

Très oiseaux les oiseaux sont très sûrs d'être oiseaux
L'écureuil sait très bien son métier d'écureuil
Les chevaux dans leur peau de chevaux sont chevaux
Le lézard sait par cœur l'art de vivre en lézard
La fourrure du chat tient le chat tout entier
Le renard est renard tout au long de l'année
Le poisson est dans l'eau comme un poisson dans l'eau

Mais moi je m'évapore et me perds et me trouve
Et ne suis jamais sûr d'être ce que je suis.

Claude ROY, *Premiers poèmes pour toute ma vie*, Éd. Milan Jeunesse.

Je comprends

a. • De quels animaux parle ce poème ?
• Qu'ont-ils tous en commun ?
Ce sont des animaux à plumes. • Ils sont bien dans leur peau. • Ils ont tous quatre pattes.

b. Qui « s'évapore, se perd et se trouve » dans le poème ?

c. Que signifie la fin du poème ?

Je découvre

1 Observe les mots en couleur. Quel son ont-ils en commun ?
Pourquoi n'ont-ils pas tous la même couleur ?

2 Connais-tu d'autres mots contenant le son [o] s'écrivant d'une autre manière ?

J'apprends

Écrire le son [o]

- Le **son** [o] s'écrit de différentes manières :
  au → un auteur, Paul, les animaux…
  eau → un bateau, un traîneau, Robert Doisneau…
  o → une photo, un problème, le métro…
- Dans certains mots, la lettre *o* a un accent circonflexe : ***un pylône***, ***la môme***, ***bientôt***…

Je m'exerce

3 * **Reformule la règle :**
On peut écrire le son [o] de différentes manières : … . Parfois, on ajoute un … sur la lettre o (*hôpital*).

Reconnaître le son [o]

4 * **Dans ce texte, relève tous les mots dans lesquels tu entends le son [o]. Classe-les selon leur écriture : o, au, eau.**
Attention, certains mots comportent plusieurs écritures du son [o].
« Les vélos volants, ça n'existe pas ! » se répétait à longueur de journée le fils de madame Moreau. Pierrot était assez original : il rêvait de chaussures qui sautaient, de bonnet qui parlait, de maîtresses qui écrivaient avec un pinceau au tableau, de journées d'automne où il faisait toujours beau…

Écrire des mots avec le son [o]

5 * **Recopie et complète les mots suivants. Classe-les selon leur écriture du son [o]. Tu peux t'aider du dictionnaire.**
une ép…le • un b…l • une b…sse • un ch…sson • b…coup • un traîn… • un bur… • un v…tour • un c…quelic…t • ch…d • un rât… • des artich…ts • un gât… • un maill…t • un r…b…t • aussit…t • une …truche • c…l…rier • un escarg…t • un cr…c…dile • un c…té • un …reiller

6 ** **Recopie et complète les phrases avec le son [o] correctement orthographié.**
- Les princesses vivent dans des chât…x.
- Les bat…x rentrent au p…rt.
- La tige de la r…se a des épines.
- J'ai de belles ch…ssettes.
- Les chev…x ont quatre sab…ts.

7 ** **Réponds aux devinettes par un mot avec le son [o].**
- C'est la saison qui débute le 22 septembre.
- C'est le « panier » dans lequel le Père Noël transporte les cadeaux.
- C'est un mauvais rêve, un rêve qui fait peur.
- C'est un bijou qui se porte autour du cou.
- C'est un fruit plein de vitamine C, on peut en faire du jus.

J'écris

8 * **À l'aide des mots suivants, écris deux phrases décrivant la photo : traîneau, corde, porter, collier, aussitôt.**

9 ** **Trouve quatre noms d'animaux avec le son [o] et écris un petit texte en les employant.**

EXERCICES SUPPLÉMENTAIRES

m devant m, b, p

Le pélican

Le capitaine Jonathan
Étant âgé de dix-huit ans,
Capture un jour un pélican
Dans une île d'Extrême-Orient.

Le pélican de Jonathan,
Au matin, pond un œuf tout blanc
Et il en sort un pélican lui ressemblant étonnamment.

Et ce deuxième pélican
Pond, à son tour, un œuf tout blanc
D'où sort, inévitablement,
Un autre, qui en fait autant.

Cela peut durer pendant très longtemps
Si l'on ne fait pas d'omelette avant.

Robert DESNOS, « Le Pélican »,
Chantefables et Chantefleurs, Éd. Gründ.

Je comprends

a. De quel animal parle ce texte ?

b. Réponds par vrai ou par faux.
- Les pélicans pondent des œufs verts.
- Jonathan a huit ans.
- Jonathan trouve son œuf chez le marchand.
- Les pélicans pondent des œufs de pélican.

c. Que faut-il retenir de cette histoire ?
- On ne fait pas d'omelette sans casser d'œufs.
- Pour cesser d'avoir des pélicans, il faut faire une omelette avec leurs œufs.

Je découvre

1 Observe les mots en bleu. Fais la liste de ceux dans lesquels le son [ɑ̃] s'écrit avec un a et la liste de ceux où il s'écrit avec un e.

Attention : certains mots peuvent être dans les deux listes !

2 Comment s'écrit le son [ɑ̃] dans les mots en rouge ?

3 Que peux-tu dire des mots suivants ?
un timbre – embêter – une envie – un exemple – enjouer – un plombier – emmener – comparer – trente – du jambon – un nombre – remplir

J'apprends

m devant m, b, p

Devant m, b et **p**, il faut **écrire m au lieu de n.**

Exemples : emmêler ; un timbre ; la tempête.

Sauf dans : un bonbon, une bonbonne, une bonbonnière, l'embonpoint, néanmoins.

Je m'exerce

4 * **Reformule la règle :**
Devant *m*, *b* ou *p* dans un mot, j'écris *m* : gri...per – une colo...be – e...mener.
Sauf pour les mots : un bo...on, une bo...bonne, une bo...bonnière.

Écrire m devant m, b, p

5 * **Recopie et complète les mots suivants avec m ou n.**
une cha...bre – nove...bre – e...foncer – une bo...bonnière – une o...bre – ra...per – mai...tenant – un co...bat – un bo...bon – e...mener – un co...pas – tre...bler – une pla...te – prude...t

6 * **Écris le nom correspondant à chaque image. Tu peux t'aider du dictionnaire.**

7 * **Recopie les mots en les complétant correctement.**
La météo n'annonce rien de réjouissant, une te...pête est prévue. Pourvu qu'elle n'e...porte pas le linge dans le jardin. Je vais aller m'e...mitoufler dans mon pull, en attendant de pouvoir aller jouer dans les cha...ps.

8 * **Réponds aux devinettes en utilisant un mot contenant m devant m, b ou p.**
a. Que colle-t-on sur les enveloppes avant de poster le courrier ?
b. Avec quel instrument de géométrie trace-t-on des cercles ?
c. De quoi se sert l'éléphant pour boire ?

9 ** **Écris le contraire de chaque adjectif en ajoutant le préfixe in- ou im-.**
Exemples : possible → impossible, capable → incapable.
complet – mangeable – suffisant – pardonnable – cassable – patient – utile – précis – correct – prudent – admissible

J'écris

10 * **Écris deux phrases décrivant l'image. Tu peux utiliser les mots suivants : sombre, tempête, immédiatement...**

11 ** **Rédige un bulletin météo correspondant à ce que tu vois sur l'image. Tu peux parler du temps, du vent, des températures...**
Exemple :
Aujourd'hui, sur les côtes bretonnes, le vent souffle à 100 kilomètres/heure. La température est de 15 degrés. Le temps est orageux. Il pleut légèrement.

Les accents

Plus tard quand tu seras grand !

Pourquoi les gens disent toujours :
« Plus tard, quand tu seras grand… »
Moi qui grandis tous les jours
Je suis là et j'attends.

J'attends que le jour se lève
De réaliser le rêve
Aujourd'hui et maintenant
De n'être plus un enfant.

Je patiente doucement
Que l'on veuille seulement
M'accorder une seconde
Un petit morceau de monde.

Comment mesurer l'écart
Entre toi et les grands, car
Sur les doigts d'une main seulement
Tu peux compter les printemps.

On te dit que rien ne dure
Que le temps file à toute allure
Mais tu vois le temps que ça prend
Une heure assis sur un banc. (…)

Toi et moi, dans cette étrange affaire
D'un bout à l'autre de l'existence
Si le temps passé reste éphémère
Le temps qui s'écoule est immense.

ALDEBERT / Maxime LE FORESTIER,
« Plus tard quand tu seras grand », in
Enfantillages, 2008, Warner Music France.

Je comprends

a. **Qui sont, d'après toi, ceux qui disent toujours : « Plus tard, quand tu seras grand » ?**
des enfants – des adultes

b. **Réponds par vrai ou par faux.**
- L'enfant est impatient de grandir.
- L'enfant ne veut pas devenir grand.
- L'enfant trouve que le temps passe vite.
- Les adultes disent que le temps passe trop vite.

c. **Que signifie la phrase : « Sur les doigts d'une main seulement tu peux compter les printemps » ?**

d. **Cherche dans ton dictionnaire le sens du mot « éphémère » (ligne 23).**

Je découvre

1 **Observe bien les mots en bleu. Enlève les accents sur la lettre e. Le son change-t-il ?**

2 **Classe les mots en bleu et en rouge dans le tableau.**

Mot avec un accent aigu	Mot avec un accent grave	Mot avec un accent circonflexe
éphémère …	éphémère là …	rêve …

3 **Recopie la phrase suivante. Entoure en orange les accents graves, en vert les accents aigus.**
Les chanteurs interprètent une chanson sur les enfants qui espèrent devenir vite grands ; les adultes, eux, pensent qu'ils ne doivent pas être si pressés de voir le temps passer.

J'apprends

Les accents sur la lettre e

- Il existe **plusieurs sortes d'accents** sur la lettre **e**.
  Les accents **changent la prononciation** du **e**.
  - l'**accent aigu** : **é** comme dans ***école***, ***étranger***. C'est le **son** [e].
  - l'**accent grave** : **è** comme dans ***frère***, ***mère***. C'est le **son** [ɛ].
  - l'**accent circonflexe** : **ê** comme dans ***tête***, ***rêve***. C'est le **son** [ɛ].
- **Remarque** : quand la lettre ***e*** est placée devant deux consonnes, on ne met pas d'accent.
  Exemples : femme, Vienne...

Je m'exerce

4 * **Reformule la règle :**
Les accents aigus, ... et ... changent la prononciation du *e*.

Distinguer les sons [e] et [ɛ]

5 * **a. Écris le nom de l'animal qui ne contient pas le son [e].**

b. Écris les noms des deux animaux qui contiennent le son [e]. Attention aux accents !

6 * **Classe les mots dans le tableau selon qu'ils contiennent le son [e] ou le son [ɛ].**
un zèbre – un nénuphar – un pétale – un trèfle – un vélo – un problème – un frère – la fête

son [e]	son [ɛ]
...	...

Différencier les accents graves et les accents aigus

7 * **Classe les mots dans le tableau.**

Accent aigu	Accent grave
une épidémie	...

la grève – une mésange – un dé – très – brève – le ménage – la boulangère – la règle – le blé – un cratère – le Finistère – un thermomètre – le thé – le père – la galère – un épi – la misère – la panthère – la Vendée – une vipère

8 ** **Recopie chaque phrase en choisissant le mot avec le bon accent.**
– Je ne peux pas (*guérir / guèrir*) sans (*mèdicaments / médicaments*). Il faut appeler le (*mèdecin / médecin*).
– Ne (*t'inquiéte / t'inquiète*) pas, je l'ai (*appelé / appelè*).

9 ** **Les accents graves et aigus ont été effacés ! Recopie le texte en les ajoutant.**
Je souligne avec une regle : cela devrait regler le probleme des traits de travers ! Cette fois, la maîtresse ne me fera pas recopier la leçon. J'ai essaye de faire mieux que la derniere fois.

Écrire le son [ɛ] avec l'accent grave et l'accent circonflexe

10 ** **Recopie ces mots en les complétant avec è ou ê.**
Tu veux manger une cr...pe ou boire un thé te suffira ? J'ai de la pâte déjà pr...te : elle est tr...s lég...re, tu verras ! D'ailleurs, je vais faire la m...me chose pour moi.
Tu préf...res du chocolat ti...de ou de la cr...me de marron sur ta cr...pe ? Mmmmm... On va se régaler ! C'est presque la f...te !

J'apprends

L'accent grave et l'accent circonflexe sur les autres voyelles

Les accents graves et circonflexes peuvent être placés sur d'**autres voyelles**. Ils ne modifient pas ou presque pas le son de la lettre :

– **l'accent grave** : sur le **a** et le **u**.
Exemples : déjà, où.

– **l'accent circonflexe** : sur le **a**, le **i**, le **o**, le **u**, mais jamais sur le *y*.
Exemples : piqûre, crâne, île, bientôt.

Je m'exerce

11 * **Reformule la règle :**

Les accents circonflexes et ... peuvent être utilisés sur d'autres ... que la lettre *e*. Dans ce cas, le son n'est pas ou presque pas modifié.

Utiliser l'accent circonflexe

12 * **Recopie le mot correct de chaque liste.**

- le pâté – le paté
- l'ile – l'île
- l'huitre – l'huître
- l'hôpital – l'hopital
- un hotel – un hôtel
- août – aout
- tot – tôt
- un bâton – un baton

13 ** **Écris les mots avec l'accent circonflexe. Attention aux pièges !**

la creperie – la bouteille – la boite – les embouteillages – la cloture – le paillasson – la chaine – le pendentif – la flute – le violoncelle

Repérer quand l'accent change le son de la lettre

14 * **Recopie les mots soulignés et entoure les accents. Classe ces mots dans le tableau.**

Les sorcières ne vivent pas toujours dans des châteaux cachés au fond des forêts. Parfois, elles vivent dans des cabanes discrètes à la lisière d'un bois.

L'accent change le son de la lettre	L'accent ne change pas le son de la lettre
sorcières, ...	...

15 ** **Recopie le texte et entoure les mots quand l'accent change le son de la lettre.**

Aline est arrivée à la réunion avec son époux. Bientôt, la maîtresse leur donnera le livret scolaire de leur fille. Aline est très fière car ses résultats sont très encourageants.

Placer les accents

16 ** **Recopie les phrases avec l'accent qui convient.**

- Théo habite (*la-bas*), dans le dernier immeuble.
- Elle met des (*buches*) dans la cheminée. Le feu (*brule*) fort !
- Élisa a la jambe dans le (*platre*).

17 ** **Récris le texte en mettant les accents qui manquent.**

– Mon cheri, viens manger !
– Je suis la, papa !
– Tu as pense à te laver les mains ?
– C'est deja fait, papa ! Mmmm... ça sent bon... Qu'est-ce que tu as cuisine ? Des pates ?
– Oui, des pates avec de la creme fraiche et des lardons. Tu as aime ça la derniere fois.

EXERCICES SUPPLÉMENTAIRES

SYNTHÈSE

18 * **Complète correctement les lieux qui manquent, avec les accents qui conviennent.**
- Si tu as trop de fièvre, nous t'emmènerons à l'... pour te soigner.
- J'achète le pain à la boulangerie et les gâteaux à la ... .
- Le chameau est un animal qui vit dans le ... .

19 ** **Recopie les phrases en mettant les accents sur les mots soulignés.**
- Les préparatifs de Noel ont commence : on reflechit à la buche qu'on achetera, aux cadeaux qu'on fera, a la famille qu'on invitera.
- Mon pere n'aime pas cuisiner la dinde alors il fait plutot du poisson.
- À tous les ages, on aime les fetes de fin d'annee.

J'ÉCRIS

Employer des mots avec des accents

20 * **Mistigri a le ventre plein, il vient de manger copieusement. Il aime surtout les aliments dont le nom comporte un accent circonflexe !**

Continue cette phrase en cherchant deux aliments contenant un accent circonflexe :
Mistigri aime beaucoup les pâtes mais il adore aussi manger...

21 ** **Tu fais des courses pour nourrir tous les gourmands de la maison ! Qu'achèterais-tu à la pâtisserie, à l'épicerie... ?**
Écris un petit texte pour décrire ce que tu achètes. Tu dois utiliser les trois accents dans ta production.

Pour commencer : D'abord, je vais acheter un bon poulet à la rôtisserie avec quelques pommes de terre bien grillées et ensuite...

Organiser des événements dans le temps

22 ** **a. Dans cet extrait de chanson, quels sont les mots en gras qui évoquent la jeunesse et la vieillesse ?**

On ne peut rien faire quand on est **petit**
Ça commence à bien faire ces interdits !
Laisse ta **mamie** se reposer
Tu ne peux pas la démonter
Ta **grand-mère** n'est pas un robot.

ALDEBERT, *Enfantillages*.

b. Classe ces quatre images dans l'ordre chronologique.

c. Fais 4 phrases pour raconter les âges de la vie en t'imaginant plus petit(e), plus grand(e)...

Pour t'aider : Quand j'étais tout(e) petit(e), ...
Quand je serai adulte, ...

DICTÉE PRÉPARÉE

Quand ma grand-mère était petite, elle vivait dans une petite maison à l'orée de la forêt. Son père était bûcheron. Et moi, je vis où ? Dans une grande ville avec de hauts bâtiments.

Le féminin des noms

Certains mots n'aiment pas les œufs !

Le prince de Motordu est marié à la princesse Dézécolle. Celle-ci est institutrice et rencontre des difficultés avec ses élèves ; elle en parle à son époux.

– Alors, ça va mieux, demanda un jour le prince de Motordu ?

– C'est vite dit, se lamenta encore la princesse Dézécolle. J'en suis à leur expliquer le féminin et le masculin et ils ne comprennent rien.

– Pourtant tout ça n'est qu'une histoire d'œufs.

– Vous voulez dire des e ! [...]

Il alla retrouver les élèves de la princesse Dézécolle et leur expliqua qu'avec des œufs on pouvait mettre les mots au féminin.

– Le marquis n'a pas d'œufs mais sa femme en a un, c'est la marquise !

– J'ai compris, fit un élève, un empereur au féminin devient une empeureuse !

– Pas du tout, s'écria le prince, il devient une impératrice. Tout comme nous, certains mots n'aiment pas les œufs.

Ainsi, un héros n'a pas au féminin son nez rose mais son héroïne !

– Et dans l'autre sens, demandèrent les élèves, pour mettre des mots au masculin, on enlève les œufs ?

– Enlevez toujours, vous verrez bien, proposa le prince.

Les élèves se mirent au travail.

Le masculin de reine est rein.

Le masculin de mère est mer.

Le masculin de loupe est loup.

Le masculin de marie est mari.

Le prince les corrigea sans les punir car les fautes des élèves le faisaient trop rire.

PEF, *L'Ivre de français*, Éd. Gallimard.

Je comprends

a. **Quel est le métier de la princesse Dézécolle ?**

b. **Les élèves ne comprennent pas :**

- Les règles de formation du pluriel.
- Les règles de formation du féminin.
- Les règles de calcul.

Je découvre

1 **Observe les mots en rouge.**
Que faut-il ajouter à un nom masculin pour former le plus souvent le féminin ?

2 **Repère la terminaison des noms féminins suivants : la princesse, l'héroïne, une impératrice.**

J'apprends

Le nom a un genre

Le nom peut être **masculin** ou **féminin**.

Exemples : le bureau (masculin), la table (féminin) — un marquis (masculin), une marquise (féminin).

La formation du féminin des noms

- Dans la plupart des cas, le féminin d'un nom se forme **en ajoutant un -e** au nom masculin.
  Exemple : un ami → une ami**e**.
- Il faut ajouter un **accent grave** pour les **noms en -er**.
  Exemples : un boulanger → une boulang**è**re   un sorcier → une sorci**è**re
- Les **terminaisons peuvent changer** entre le masculin et le féminin.
  Exemples : un époux → une épou**se**   un instituteur → une institut**rice**
- **Attention** : certains mots n'ont que le masculin ou que le féminin.
  Exemples : une pelle, une personne, un oiseau, une hirondelle…

Je m'exerce

3 (*) **Reformule la règle :**
Le féminin des noms peut se former en ajoutant un …, en changeant la terminaison comme … ou en changeant complètement le mot comme … .

Reconnaître le masculin et le féminin

4 (*) **Classe les noms selon leur genre : nom masculin / nom féminin.**
lumière – canapé – moto – cartable – trousse – banane – tarte – botte – poésie – pantalon – monstre – maison – chat – sœur

Former le féminin des noms

5 (*) **Écris les noms au féminin. Attention aux terminaisons !**
un absent – un directeur – un fils – un habitant – un garçon – un ogre – un cuisinier – un boucher – un loup – un lion – un tigre – un lapin – un chanteur – un invité

6 (**) **Lesquels de ces noms ne changent pas au masculin et au féminin ?**
artiste – chanteur – élève – ministre – fleuriste – acrobate – voyageur – berger – camarade – juge – coiffeur – poème – pomme

Trouver le masculin

7 (*) **Écris ces noms féminins au masculin.**
bretonne – tigresse – vendeuse – épicière – créatrice – chanteuse

J'écris

8 (*) **Écris ta liste de courses pour un goûter d'anniversaire. Tu dois utiliser au moins 2 noms féminins et 2 noms masculins.**

9 (**) **Observe bien l'image. Décris ce petit déjeuner. Tu utiliseras au moins 3 noms masculins et 3 noms féminins.**
Pour commencer : J'ai très faim ce matin. Je vais d'abord manger…

Le pluriel des noms

Le bal des vipères

Un beau jour, les vipères donnèrent un grand bal. Elles y invitèrent les grenouilles et les crapauds, les flamants, les caïmans et les poissons. Comme les poissons ne peuvent pas marcher, ils ne purent pas danser ; mais le bal étant au bord de la rivière, ils s'avançaient sur le sable et applaudissaient avec la queue.

Pour se faire beaux, les caïmans s'étaient passé autour du cou un collier de bananes et fumaient des cigares paraguayens[1]. Les crapauds, entièrement recouverts d'écailles de poissons, avançaient en se dandinant comme s'ils nageaient. Et chaque fois qu'ils longeaient la rivière d'un air très sérieux, les poissons se moquaient d'eux.

Les grenouilles s'étaient parfumé tout le corps, et marchaient sur les pattes de derrière.

Horacio QUIROGA, *Contes de la forêt vierge*,
Éd. Seuil / Métailié.

1. Le *Paraguay* est un pays d'Amérique du Sud.

Je comprends

a. **Qui organise un grand bal ?**

b. **Quels animaux sont invités à ce bal ?**

c. **Où a eu lieu le bal ?**

d. **Réponds par vrai ou par faux.**
- Les poissons applaudissent avec leur queue.
- Les crapauds portent un collier de bananes.
- Les grenouilles marchent sur leurs pattes de devant.

Je découvre

1 Les mots en bleu dans le texte sont :
au singulier • au pluriel.

2 Dans les mots en rouge, quelle lettre marque le pluriel ?

3 Dans les phrases suivantes, relève les articles qui sont au singulier et ceux qui sont au pluriel.
- Un bal a lieu près de la rivière.
- Les poissons s'avancent sur le sable.

4 Associe chaque groupe nominal singulier à son pluriel.

un animal •	• des lions
ce chacal •	• des bals
un bal •	• ces chacals
un lion •	• des animaux

J'apprends

Le pluriel des noms

- Lorsqu'un nom désigne **une seule personne, un seul animal** ou **une seule chose**, il est au **singulier** : *le lion, la tortue...*
- Lorsqu'un nom désigne **plusieurs personnes**, **plusieurs animaux** ou **plusieurs choses**, il est au **pluriel** : *des chatons, les arbres...*
- Le **déterminant** renseigne sur le nombre des noms :
  – **singulier** : *un, une, la, l', ma, sa...*
  – ou **pluriel** : *les, des, plusieurs, mes, ses...*
- On forme le **pluriel des noms** en ajoutant le plus souvent un **-s** au singulier.
  Exemple : un lapin → des lapins.

Je m'exerce

5 * **Reformule la règle :**
Les noms accompagnés des déterminants comme *des*, *les* sont au ... .
Pour former le pluriel d'un nom, on ajoute le plus souvent un ... au nom singulier.

Reconnaître le singulier et le pluriel

6 * **Indique pour chaque groupe nominal s'il est au singulier ou au pluriel.**
un chat – des girafes – le loup – le blaireau – des éléphants – trois chasseurs – ma vie

7 * **Recopie les déterminants qui marquent le pluriel.**
un – le – ses – leurs – des – plusieurs – vos – chaque – trois – notre – ma – tes – nos – les

8 * **Complète avec le déterminant qui convient : un, une ou des.**
... objet – ... renards – ... loups – ... bruit – ... maîtres – ... musique – ... poules – ... hérissons – ... sacs – ... fruit – ... tomates – ... haricots

9 ** **Classe les noms soulignés en deux colonnes : noms au singulier – noms au pluriel.**
Les vipères se méfient des flamants. Elles ont quand même invité ces oiseaux à leur bal. Tout le monde sait que le serpent est le plat préféré du flamant !
Pour mieux approcher leurs proies, ces grands animaux vont se déguiser.

Écrire le pluriel d'un nom

10 * **Recopie avec le nom qui convient.**
- Les (*chasseurs / chasseur*) ont visé quatre (*sangliers / sanglier*).
- La (*chasses / chasse*) a été bonne. Les (*fermiers / fermier*) sont heureux.
- Les (*champs / champ*) ne seront plus ravagés. C'est la (*fêtes / fête*) au (*villages / village*).

11 * **Écris ces groupes nominaux au pluriel.**

une île → des ...	le chemin → les ...
l'aigle → les ...	la nuit → les ...
un cahier → des ...	le prédateur → les ...

12 ** **Écris ces groupes nominaux au pluriel.**
un écureuil – une chouette – le lièvre – mon chien – une oie – un lapin – un dauphin – un loup – la mer – une forêt – ce désert – un lac – l'océan – le jardin – une mare – cette plage

Écrire des phrases au pluriel

13 ** **Récris les phrases en mettant les mots soulignés au pluriel. Attention à l'accord des verbes !**
Exemple : La grenouille arrive au bal.
→ Les grenouilles arrivent au bal.
- Le lion chasse dans la savane. Ses proies favorites sont le zèbre, le buffle et la gazelle.
- Le singe mange beaucoup de fruits.
- Le chimpanzé préfère la banane.

J'apprends

Le pluriel des noms en *-al*

Les noms qui se terminent par **-al** au **singulier** ont un **pluriel** en **-aux**.

Exemple : un journal → des journaux.

Exceptions : les noms *bal*, *carnaval*, *chacal*, *festival* et *régal* prennent un **-s** au pluriel (*le chacal* → *les chacals*).

Le pluriel des noms en *-ou*

Les noms qui se terminent par **-ou** au **singulier** prennent un **-s** au **pluriel**.

Exemple : un voyou → des voyous.

Exceptions : les noms *bijou*, *caillou*, *chou*, *genou*, *hibou*, *joujou* et *pou* prennent un **-x** au pluriel (*un bijou* → *des bijoux*).

Certains noms ne changent pas au pluriel

Les noms qui se terminent par **-s**, **-x** ou **-z** au **singulier** ne changent pas **au pluriel**.

Exemples : un nez → des nez ; le gaz → les gaz.

Je m'exerce

14 * **Reformule la règle :**

Les noms en *-al* au singulier forment généralement leur ... en *-aux*.

Les noms en *-ou* prennent généralement un *-s* au ... .

Les noms se terminant par *-s*, *-z* ou *-x* s'écrivent de la même façon au ... et au ... .

Écrire le pluriel des noms en *-al* et en *-ou*

15 * **Complète les noms au pluriel avec la bonne terminaison : -aux ou -als.**

le total → les tot... • l'animal → les anim... • un carnaval → des carnav... • le chacal → les chac... • son rival → ses riv... • le canal → les can...

16 * **Complète avec la terminaison du pluriel.**

les gnou... – des verrou... – tes caillou... – deux clou... – des coucou... – ses genou... – des trou...

17 ** **Écris ces groupes nominaux au pluriel. Attention aux exceptions !**

le journal – un signal – son bocal – le bal – un végétal – un local – un festival – un général – ce métal – l'hôpital

18 ** **Recopie en mettant les groupes nominaux soulignés au pluriel.**

- J'aime beaucoup <u>ton bijou</u>.
- En sortant, ferme <u>le verrou</u>.
- Prends un marteau et <u>un clou</u>.
- Ce nid appartient à <u>un hibou</u>.
- J'ai vu <u>un pou</u> dans la tête de mon frère.
- J'ai marché sur <u>un caillou</u>.

19 ** **Recopie en mettant les groupes nominaux soulignés au singulier.**

- Les poissons nagent dans <u>des bocaux</u>.
- Marina nourrit <u>ses chevaux</u>.
- L'armée est dirigée par <u>des généraux</u>.
- Le petit zèbre a peur <u>des chacals</u>.

Identifier les noms qui ne changent pas au pluriel

20 * **Recopie et mets la terminaison du pluriel si c'est nécessaire.**

- L'oxygène et l'azote sont des gaz... .
- Les brebis... prennent soin de leurs petit... .
- J'ai dessiné un monstre avec deux nez... .
- Les rat... et les souris... sont des animaux nuisibles.
- Les perdrix... et les hibou... sont des oiseaux.

EXERCICES SUPPLÉMENTAIRES

SYNTHÈSE

21 * **Écris ces groupes nominaux au pluriel.**
un camion – une porte – cette lionne – mon genou – un journal – le repas – la voiture – son nez – cet arbre – un paradis – une fête – ce gaz – ton crayon – le chacal – un bijou

22 ** **Si les groupes nominaux sont au singulier, écris-les au pluriel ; s'ils sont au pluriel, écris-les au singulier.**
un prix – l'abricot – les choux – le bal – ce voyou – des radis – tes chaussettes – mes serviettes – un singe – les écureuils – cette pluie – mon appareil – ses livres – un café – des nez

J'ÉCRIS

Employer des noms au pluriel

Surpris !, Henri Rousseau, 1891.

23 * **Observe bien ce tableau. Écris une phrase pour décrire ce que fait le tigre et une autre phrase pour dire quels animaux peuvent être attaqués par un tigre. Emploie des noms au pluriel.**

24 ** **Le tigre n'a pas dû être le seul animal à être surpris par ce feu dans la jungle. Écris un petit texte pour raconter la fuite des autres animaux de la jungle (les singes, les léopards, un zèbre, etc.).**
Utilise des noms au singulier et des noms au pluriel.

Connaître le nom des petits des animaux

25 ** **Saurais-tu trouver le nom des petits des animaux ?**

Les petits des animaux ont des noms bien spécifiques
- Souvent, il s'agit d'un nom de la même famille :
le **petit du lion** est le **lionceau**.
- Parfois, le nom du petit n'a rien en commun avec le nom de son parent :
le **petit de la biche** est le **faon**.

a. **Écris le nom des petits des animaux suivants. Tu peux écrire des propositions et t'aider ensuite de ton dictionnaire pour vérifier ou trouver les réponses.**
- Le petit de la vache est le … .
- Le petit du cheval est le … .
- Le petit de la chèvre est le … .
- Le petit du canard est le … .
- Le petit de l'oie est l' … .

b. **Écris un petit texte où tu emploieras au moins deux noms de petits d'animaux.**
Pour t'aider : tu peux imaginer que tu es au zoo, ou dans une cour de ferme...

DICTÉE PRÉPARÉE

Les marcassins, petits du sanglier, vivent dans la forêt. Les sangliers sont des animaux sauvages. Parfois, ils s'aventurent dans les champs cultivés. Ils aiment le maïs et les fruits.

Les accords dans le groupe nominal

Les grands-mères

Lise, une petite fille solitaire, a beaucoup observé les habitudes des grands-mères…

Certaines grands-mères marchent très vite, on ne sait pas pourquoi. Certaines grands-mères sont coiffées comme Louis XIV ! Et d'autres comme des brebis !!!

Certaines portent des sacs si grands au bout de leur bras que le sac traîne par terre et ramasse la poussière. Toutes les grands-mères ont toujours des sacs : un, deux, trois sacs, des sacs au bout des mains, des sacs au creux des bras, des sacs en bandoulière et même parfois des sacs à dos, des sacs en cuir, des sacs vernis, des sacs en croco, des sacs en plastique et aussi des valises, des valises qu'elles font rouler sur des roulettes.

Les grands-mères ont toujours des sacs parce qu'elles ont beaucoup de choses à transporter, des babioles, des papiers, de la monnaie pour le goûter, puis des photos, de vieilles photos, des souvenirs, de minuscules objets qu'elles ont gardés si longtemps, des objets inutilisables mais réconfortants.

Franck BIJOU, *Née de la dernière pluie*, Éd. du Rouergue.

Je comprends

a. **Dans ce texte, qui Lise décrit-elle ?**

b. **De quel objet une grand-mère ne peut pas se séparer ?**

c. **Réponds par vrai ou par faux.**

- Les grands-mères ont toujours des sacs.
- Les sacs des grands-mères sont toujours vides.
- Les grands-mères remplissent leurs sacs de babioles.

Je découvre

1 **Les groupes nominaux en bleu sont :**
des GN minimaux – des GN agrandis.

2 **Les groupes nominaux en rouge sont :**
des GN minimaux – des GN agrandis.

3 **Dans le GN « des objets inutilisables », retrouve :**
– le déterminant,
– le nom commun,
– l'adjectif qualificatif.

4 **Retrouve le singulier de chaque GN :**

des vieilles photos •	• un sac coloré
des minuscules objets •	• une vieille photo
des sacs colorés •	• un minuscule objet

5 **Accorde l'adjectif et le déterminant soulignés avec le nom féminin :**
mon nouveau sac → … ……… valise.

J'apprends

Accorder un groupe nominal au féminin

- Dans le **groupe nominal** (**GN**), le **déterminant** et l'**adjectif qualificatif s'accordent** en **genre** (masculin ou féminin) avec le **nom**.
  Exemple : **une** grand**e** équipe.
- Pour accorder un adjectif qualificatif au féminin, on **ajoute** généralement un ***-e*** à l'adjectif masculin.
  Exemple : un petit garçon → **une** petit**e** fille.
- Les adjectifs qualificatifs se terminant par ***-eux*** au **masculin** font leur **féminin** en ***-euse***.
  Exemple : un homme joyeux → **une** femme joy**euse**.
- Certains adjectifs **doublent leur consonne avant le -e final** au féminin.
  Exemples : personn**el** / personn**elle**, mign**on** / mign**onne**, mu**et** / mu**ette**…

Je m'exerce

6 * **Reformule la règle :**
Dans le GN, le déterminant et … s'accordent en genre avec le … .

Reconnaître le genre d'un GN

7 * **Classe les GN suivants dans le tableau.**
un stylo rouge – un singe savant – cette grande chaise – ton bol préféré – le chien d'Inès – sa trousse bleue – une jolie couleur

GN au masculin	GN au féminin
…	…

Accorder un groupe nominal

8 * **Dans les groupes nominaux, accorde l'adjectif qualificatif au féminin.**
Exemple : Noémie porte une jupe (gris).
→ Noémie porte une jupe grise.
- La saison (*froid*) commence.
- J'ai acheté une plante (*vert*) pour le salon.
- C'est une journée (*ensoleillé*).
- Je mange une pêche (*blanc*).
- Cette (*vieil*) dame nourrit les pigeons.
- L'(*heureux*) gagnante va chercher son lot.

9 * **Accorde le déterminant et l'adjectif qualificatif au féminin.**
Exemple : ce vent léger → cette brise légère.
- un paysage sombre → … nuit … .
- le haut sommet → … … cime.
- du raisin doré → … grappe … .
- ton grand-père heureux → … grand-mère … .
- son potage brûlant → … soupe … .

10 * **Écris l'adjectif au féminin ou l'adjectif au masculin.**
Exemple : délicieux → délicieuse.

adjectifs au masculin	adjectifs au féminin
ancien	…
…	mignonne
tranquille	…
…	cruelle
merveilleux	…

11 ** **Recopie en accordant correctement le nom et/ou l'adjectif.**
- J'écris à une correspondant… anglais… .
- Il fait du vélo avec son petit… cousin… .
- La cuisinière gourmand… goûte ses gâteaux.
- Mon grand… frère est collégien.
- La méchant… voisin… a piétiné nos fleurs.

12 ** **Repère l'adjectif puis complète les phrases avec un déterminant et un nom.**
- … nouvelle … est arrivée.
- Les visiteurs admirent … beau … .
- Je préfère … … verte.
- … vieil … est cassé.

j'apprends

Accorder un groupe nominal au pluriel

- Dans le **groupe nominal** (GN), le **déterminant** et l'**adjectif qualificatif** s'accordent aussi en **nombre** (singulier ou pluriel) avec le **nom**.
- On forme le **pluriel** des **adjectifs** comme celui des noms.
  Exemple : la jolie robe → **les** jolie**s** robe**s**.
- Si l'**adjectif** se rapporte à **plusieurs noms**, il se met au **pluriel**.
  Exemples : une jupe et une chemise bleu**es**
  une casquette et un pantalon neuf**s** *(on dit que le masculin l'emporte)*

je m'exerce

13 * **Reformule la règle :**
Dans le GN, l'accord du déterminant et de l'adjectif qualificatif se fait également en … . Le pluriel des adjectifs se forme comme le pluriel des … .

Reconnaître le nombre d'un GN

14 * **Relève les GN au singulier.**
le journal télévisé – une grande explication – tes cousins germains – de belles récompenses – un heureux événement – mes pâtes préférées

15 * **Relève les groupes nominaux au pluriel.**
les vieux ordinateurs – ce large fauteuil – les rosiers nains – un superbe match – la chambre bleue – les boucles d'oreilles dorées

Accorder un GN au pluriel

16 * **Mets ces groupes nominaux au pluriel.**
mon chanteur préféré – un grand peintre – une rue étroite – un parcours amusant – une table basse – un crabe effrayant – une étoile lumineuse

17 * **Mets ces groupes nominaux au pluriel.**
un bel arbre – un jeu brutal – un geste amical – un gaz dangereux – un élève studieux

18 * **Recopie les GN avec l'adjectif correctement accordé.**
- Un chemin et un sentier (*étroits / étroites*).
- Une robe et un pantalon (*courts / courtes*).
- Une recette et des fruits (*tropicales / tropicaux*).
- Une glace et une sauce au chocolat (*délicieux / délicieuses*).

19 ** **Recopie les GN en accordant correctement les adjectifs.**
- Une route et un chemin (*dangereux*).
- Un sac et un pull (*neuf*).
- Une émission et une animatrice (*passionnant*).
- Un train et un avion (*complet*).
- Une sœur et une cousine (*grincheux*).
- Un homme et une femme (*sportif*).

20 ** **Mets les adjectifs et les noms au pluriel quand c'est nécessaire.**
Ce matin d'octobre, les enfant… ravi… mettent leurs belle… botte… jaune… . Ils adorent sauter dans les énorme… flaque… d'eau, ramasser les feuille… morte…, en faire des gros… tas… et se jeter dedans. Quels jeu… amusant… !

21 ** **Mets ces groupes nominaux au pluriel. Attention : les adverbes et les prépositions ne changent pas quand on accorde le GN.**
une route extrêmement dangereuse – un athlète fort et musclé – le jouet usé de Samira – sa vieille cloche en bronze

EXERCICES SUPPLÉMENTAIRES

SYNTHÈSE

22 * **Récris chaque groupe nominal en accordant l'adjectif quand c'est nécessaire.**

- une forêt (*profond*) – un gouffre (*profond*) – des trous (*profond*).
- une rencontre (*amical*) – un geste (*amical*) – des paroles (*amical*).
- un message (*personnel*) – une idée (*personnel*) – des objets (*personnel*).

23 ** **Écris le GN féminin correspondant à chacun des GN masculins suivants. Tu peux utiliser ton dictionnaire.**

Exemple : un gentil garçon → une gentille fille.

son oncle américain • ton cousin germain • des sportifs motivés • des copains sympathiques • un lion agressif • un roi autoritaire

J'ÉCRIS

Employer des groupes nominaux

24 * **Choisis l'un des personnages ci-dessus : tu dois pouvoir le faire deviner à un camarade.**
Écris deux phrases pour décrire ses yeux, son nez ou ses cheveux... Fais attention aux accords dans le groupe nominal !

Exemple : Elle a des lunettes rouges et une fleur dans les cheveux...

25 ** **Choisis l'un des personnages ci-dessus et écris son portrait. En lisant ton texte, un autre élève doit pouvoir deviner de qui il s'agit.**
Utilise des groupes nominaux au singulier, au pluriel, au masculin et au féminin.

Décrire une image

26 ** **Observe bien cette image.**

Imagine : tu te promènes sur la plage et tu vois la scène illustrée ci-dessus. Décris ce que tu vois. Pour t'aider, lis le petit mémo.

Décrire une image

- Pour décrire une image, on présente brièvement ce que l'on voit d'emblée.
  Exemple : La scène se déroule dans un petit parc, en été.
- Ensuite, on présente les éléments dans l'ordre, en partant du plus proche (**le premier plan, le deuxième plan**) pour aller vers le plus lointain (**l'arrière-plan**).
  Tu peux décrire les personnages, les objets, les couleurs, l'ambiance...

DICTÉE PRÉPARÉE

Les vieilles dames ont parfois des comportements bizarres. Elles peuvent rester assises des heures entières à observer les gens ou à nourrir des pigeons trop gros.

L'accord du verbe avec le sujet

Qui a éteint la lumière ?

Robert s'est réveillé en pleine nuit, dans le noir complet. Il croyait à une panne d'électricité. Pourtant, au matin, il fait toujours aussi noir pour Robert…

– Robert, réveille-toi, il faut faire vite, cria papa. On n'a pas entendu le réveil.

Tous les matins c'était la même histoire. Vraiment, ils exagéraient ! Si maman et papa avançaient le réveil d'un quart d'heure seulement ou même de dix minutes, ils ne seraient jamais en retard. Mais rien à faire… La maman et le papa de Robert n'entendaient jamais le réveil. Et chaque matin ils se précipitaient dans la chambre de Robert pour raconter la même histoire de réveil pas entendu.

Ce jour-là pourtant, Robert comprenait pourquoi ils ne l'avaient pas entendu. Puisque pendant la nuit les plombs avaient sauté, le radio réveil s'était arrêté, et il n'avait pu réveiller maman et papa comme d'habitude. La voix de papa tonnait à travers la porte ; il fallait faire vite, Robert devait se lever tout de suite et s'habiller en un clin d'œil. Pas le temps de prendre une douche, pas le temps de bavarder, pas le temps de rien.

Robert ne comprenait toujours pas pourquoi il faisait si noir dans la maison. Quand il regardait vers la fenêtre, il voyait vaguement un petit carreau gris pâle qui disparaissait peu à peu.

Niklas RÅDSTRÖM, *Robert*, trad. par C. Monteux et D. Suffet, Éd Casterman.

Je comprends

a. Que raconte ce texte ?
- Une famille qui se prépare le matin.
- Le départ en vacances d'une famille.

b. Réponds par vrai ou par faux.
- Tous les matins, c'était la course.
- Robert avait beaucoup de temps pour s'habiller.
- Robert ne comprenait pas pourquoi il faisait toujours noir dans la maison.

c. D'après Robert, pourquoi le radio-réveil n'a-t-il pas sonné ? Et d'après toi ?

Je découvre

1 Dans le texte, les mots en rouge sont :
des noms – des verbes – des pronoms personnels.

2 Dans chaque phrase, trouve le(s) sujet()s du verbe souligné.
- Robert ne comprenait toujours pas pourquoi il faisait si noir dans la maison.
- Vraiment, ils exagéraient !
- Les parents de Robert et sa sœur aînée savaient se préparer très vite le matin.

3 Trouve le sujet de chaque verbe en rouge et indique s'il s'agit d'un groupe nominal ou d'un pronom personnel.

j'apprends

Accorder le verbe avec le sujet

- **Le verbe s'accorde toujours avec son sujet.**
- Lorsque le **groupe nominal sujet** (GNS) ou le **pronom personnel sujet** est **singulier**, le **verbe** se met au **singulier**.
  Exemples : <u>Mon grand frère</u> **va** au collège.   <u>Tu</u> **racontes** des histoires.
- Lorsque le **GNS** ou le **pronom personnel sujet** est au **pluriel**, le **verbe** se met au **pluriel**.
  Exemples : <u>Les papillons</u> **dansaient** autour de la lampe.
  <u>Nous</u> **partirons** tôt demain matin.
- On dit que le **verbe s'accorde en nombre avec le sujet.**

je m'exerce

4 * **Reformule la règle :**
Si le sujet est singulier, le verbe est au … .
Si le sujet est pluriel, le verbe est au … .

Reconnaître le nombre du sujet

5 * **Relève les sujets et classe-les en 2 colonnes : sujet singulier / sujet pluriel.**
- La famille de Sabrina habite en Bretagne.
- Tu n'iras pas à l'école demain.
- Les deux armoires sont bien rangées.
- Le père de Karim est menuisier.
- Nous avons eu très froid cet hiver.

Accorder le verbe avec le sujet

6 * **Relève les verbes au pluriel.**
- Mes deux frères font du bateau.
- Tu grandis trop vite.
- Mon imperméable jaune est déchiré.
- Vous rangerez vos jouets avant de sortir !
- Demain, ils partiront pêcher.
- N'oublie pas tes lunettes.

7 * **Recopie les phrases avec le bon sujet.**
- (*Florian / Les enfants*) dorment tranquillement.
- (*Le serveur / Les serveurs*) apportent les plats.
- (*Tu / Ils*) partages des friandises.
- (*Vous / Nous*) lisons le journal.

8 * **Recopie les phrases avec le bon sujet.**
- (*Le vétérinaire / Les vétérinaires*) a soigné mon hamster.
- (*Le chevalier / Les chevaliers*) se battaient à l'épée, autrefois.
- (*Elle / Elles*) accompagnait son frère à la gare.
- (*Tu / Ils*) partaient souvent en vacances à Agadir.

9 ** **Recopie les phrases en conjuguant le verbe au présent.**
- Le jardinier (*planter*) des pétunias.
- Les acteurs (*répéter*) leur rôle.
- Marissa (*prendre*) un bain.
- Ils (*remplir*) des verres de grenadine.

10 ** **Récris ces phrases en mettant le sujet au pluriel.**
Exemple : L'hirondelle revient au printemps.
→ *Les hirondelles reviennent au printemps.*
- Le loup rôdait souvent près des fermes.
- Un touriste se balade en bord de mer.
- Je prépare des crêpes.
- Le boulanger fait des viennoiseries.
- Tu marches dans le sable.

11 ** **Récris ces phrases en mettant le sujet au singulier.**
Exemple : Les chouettes chassent la nuit.
→ *La chouette chasse la nuit.*
- Des spectateurs mangent du pop-corn pendant le film.
- Les flamants passent l'hiver en Afrique.
- Les clowns jonglaient avec des assiettes.
- Nous jouerons aux cartes.
- Mes amies n'aiment pas les jeux vidéo.

J'apprends

Accorder le verbe avec plusieurs sujets

Un verbe peut avoir **plusieurs sujets**. Le **verbe** se met alors au **pluriel**.

Exemples : Océane et Sahir **mangent** des fraises.
La vache, la poule et le cochon **sont** des animaux d'élevage.

Accorder plusieurs verbes avec un même sujet

Le même GN ou **le même pronom** peut être le **sujet de plusieurs verbes**.
Tous ces verbes s'accordent alors avec ce sujet.

Exemple : Il **s'approche** discrètement de la maison, **ouvre** la porte et **entre** sans faire de bruit.

Je m'exerce

12 * **Reformule la règle :**
Si le verbe a plusieurs sujets, il se met au ... .
Si plusieurs verbes ont le même sujet, chaque verbe ... avec ce sujet.

Identifier les différents sujets d'un verbe

13 * **Recopie les phrases et souligne les sujets des verbes en gras.**
- Florian et Héloïse **visitent** une serre à papillon.
- Les papillons et les libellules **volent** au-dessus du lac.

14 * **Complète les phrases avec les sujets proposés : Lucie et Karim – Le chat et la souris – Les armoires et les tables.**
- ... sont des meubles.
- ... se pourchassent dans le salon.
- ... jouent aux jeux vidéo.

15 ** **Complète chaque phrase avec des sujets qui conviennent.**
- ... et ... déjeunent à la cantine.
- ... et ... sont des fleurs.

Accorder le verbe avec plusieurs sujets

16 * **Recopie avec le verbe bien accordé.**
- Soraya et Betty (*marche / marchent*) dans une flaque.
- Le boulanger (*prépare / préparent*) du pain.
- Le lion, le guépard et la girafe (*vive / vivent*) dans la jungle.

17 ** **Recopie en accordant le verbe avec les sujets.**
- Marine et Anna (*jouer*) aux cartes.
- Le héron et le flamant (*se nourrir*) de poissons.
- Les voisins et leur fille (*venir*) dîner.
- La trousse, la règle et le taille-crayon (*être*) des outils d'écolier.
- Marine et toi (*aller*) à la mer.

Reconnaître et accorder plusieurs verbes avec le même sujet

18 * **Recopie les phrases. Souligne le sujet et entoure les verbes.**
- Chaque matin, le boulanger se lève, prend sa douche, s'habille et se met rapidement au travail.
- Les pigeons s'approchent doucement, picorent les restes du goûter, s'envolent et reviennent aussi vite.
- Nous coupons le pain, préparons nos sandwichs et fermons nos sacs à dos.

19 ** **Conjugue les verbes au présent.**
- Le samedi matin, la mère de Fabienne (*faire*) sa liste de courses, (*prendre*) sa voiture et (*aller*) au supermarché.
- Noa et Anita (*se brosser*) les dents, (*enfiler*) leur pyjama et (*aller*) se coucher.
- Vous (*couper*) les fraises et (*ajouter*) le sucre.

EXERCICES SUPPLÉMENTAIRES

SYNTHÈSE

20 * **Récris les phrases en conjuguant le verbe entre parenthèses au présent. Attention à l'accord du verbe avec son sujet !**
- Tous les matins, la maîtresse (*arriver*) à l'école à 8 heures.
- Les voitures (*circuler*) très vite sur cette petite route.
- Ils (*choisir*) les plus belles pommes du panier.
- Vous (*fermer*) la porte.

21 ** **Récris les phrases en accordant le(s) verbe(s) avec leur(s) sujet(s). Conjugue les verbes au présent.**
- Le flamant et la cigogne (*être*) des oiseaux migrateurs.
- Les enfants de la voisine (*crier*) souvent.
- Tous les soirs, les garçons (*prendre*) leur goûter, (*faire*) leurs devoirs et (*jouer*) ensuite tranquillement dans leur chambre.
- Nous (*ouvrir*) la porte et (*accueillir*) nos invités.

J'ÉCRIS

Employer des phrases avec le verbe correctement accordé

22 * **Cette affiche présente les activités proposées aux familles le dimanche à Merville.**

Observe bien cette affiche et raconte en trois phrases ce que les membres d'une famille font pour s'amuser à Merville le dimanche.
Dans chaque phrase :
- emploie comme **sujet** un membre de la famille (le père, la mère, les enfants).
- emploie **deux verbes**.

23 ** **Imagine que tu passes un dimanche à Merville avec ta famille ou des amis. Écris au moins quatre phrases pour parler des activités que tu fais avec eux.**
Exemple : Ma mère et moi faisons du bateau. Mon père dort sur la plage…

Raconter un événement

24 ** **Quelle est la dernière histoire que tu as lue ? Quelle est la dernière sortie scolaire que tu as faite ? Qu'as-tu fait samedi dernier ? Écris un court texte pour raconter un de ces événements.**

Raconter un événement
- Tu dois d'abord dire **quand et où cela s'est produit.**
- Puis tu **racontes en détail ce qui s'est passé** et **qui est intervenu.**
- Enfin, tu termines en expliquant comment **l'histoire s'est finie.** Tu peux aussi **donner ton avis** sur ce qui est arrivé.

DICTÉE PRÉPARÉE

Sur la plage, les enfants font du poney. Les parents et les animateurs préparent le goûter. Ils installent les tables, rangent les jeux et attendent le retour des petits cavaliers !

Ne pas confondre les terminaisons des verbes

Docteur Parking

Ce passage raconte l'arrivée d'un homme au nom bizarre dans une petite ville suisse.

Par exemple, que quelqu'un puisse s'appeler Parking, voilà bien une chose qui ne devrait pas exister. Et pourtant, dans une petite ville suisse, il y avait un homme qui s'appelait effectivement Parking. Il n'était pas né dans cette ville, il venait d'ailleurs, cela se remarquait au fait qu'il avait un drôle d'accent. Un beau jour, il s'était présenté à la mairie pour demander s'il pouvait s'établir dans la commune, et le fonctionnaire[1] qui l'avait reçu avait fait de gros yeux: sur la carte d'identité que l'étranger lui avait tendue, là où figurent d'habitude des noms comme Bugnon, Burnier ou Basset, il avait lu « Parking ».

– Vous vous appelez bel et bien Parking? lui avait demandé le fonctionnaire.

– Oui, avait répondu l'étranger poliment, Docteur Parking. Car c'était un docteur.

– Veuillez m'excuser, dit le fonctionnaire, en général on imagine autre chose derrière ce mot.

– Je sais, mais mon nom est très ancien. Il date de l'époque où les parkings n'existaient pas. C'est le nom d'un de mes lointains ancêtres qui était jardinier dans un parc. Personne ne pouvait imaginer alors que ce mot prendrait un jour une autre signification.

F. HOHLER, *Docteur Parking*, Éd. La Joie de lire, 2002.

1. *Fonctionnaire :* ici, un employé de la mairie.

Je comprends

a. Quel est le nom du personnage principal de cette histoire?

b. Avec qui le Docteur discute-t-il?

c. Réponds par vrai ou par faux.

- Le fonctionnaire de la mairie est étonné de lire le nom de l'homme.
- Monsieur Parking habitait déjà dans cette ville suisse.
- Monsieur Parking a hérité de ce nom grâce à un lointain ancêtre qui était cuisinier.

Je découvre

1 **a. Quelle est la nature des mots en bleu?**
des verbes conjugués • des verbes à l'infinitif

b. Quelle est leur terminaison?

2 **Complète les verbes avec la bonne terminaison: -ez, -ait ou -aient.**

– Vous vous appel... bien Monsieur Parking? av... demandé le fonctionnaire.

– Vous connaiss... d'autres personnes portant ce nom? demanda Docteur Parking.

– Les deux hommes se regard..., sans rien dire. Ils ét... un peu gênés.

J'apprends

La **terminaison du verbe** dépend de son **sujet** (la personne) et du **temps** auquel le verbe est conjugué.

Ne pas confondre les terminaisons du présent de l'indicatif

Terminaison du verbe	Sujet	Exemple
-e	Je Il / Elle / On GN singulier	Je joue. Elle pleure. Le chat miaule.
-es	Tu	Tu glisses.
-ent	Ils / Elles GN pluriel	Ils partent. Les filles s'amusent.

Ne pas confondre les terminaisons de l'imparfait de l'indicatif

Terminaison du verbe	Sujet	Exemple
-ais	Je Tu	Je jouais. Tu partais.
-ait	Il / Elle / On GN singulier	Il revenait. Papa réfléchissait.
-aient	Ils / Elles GN pluriel	Ils marchaient. Les enfants partaient.

Remarque : La terminaison ***-ez*** n'est possible qu'avec le pronom personnel « **vous** », 2e personne du pluriel, au présent de l'indicatif.

Je m'exerce

Ne pas confondre les terminaisons *-e, -es, -ent* au présent

3 * **Complète avec le pronom personnel sujet qui convient : je, tu ou ils.**

... photographies un paysage. – ... voyagent beaucoup. – ... travailles vite. – ... grimpe à la corde. – ... allument un feu. – ... joue.

4 * **Recopie et complète les terminaisons des verbes au présent : -e, -es ou -ent.**

Le facteur pass... tous les jours vers 11 heures. Les voisines attend... son passage avec beaucoup d'impatience. Moi aussi, je guett... son arrivée. Il arriv... devant ma porte et il frapp... : « Tu ouvr... ? » demande-t-il.

Ne pas confondre les terminaisons *-ais, -ait, -aient* et *-ez*

5 * **Recopie et complète les verbes avec la bonne terminaison à l'imparfait.**

Il fais... très froid. • En vacances, je pren... mon petit déjeuner dehors. • En Tunisie, tu dorm... les fenêtres ouvertes. • Les bateaux entr... lentement dans le port.

6 ** **Recopie avec un pronom qui convient.**

- ... venaient – ... venait – ... venez – ... venais
- ... choisissez – ... choisissaient – ... choisissait – ... choisissais

Distinguer les terminaisons

7 * **Conjugue les verbes suivants aux temps et aux personnes demandés.**

- fabriquer (présent, 3e personne du pluriel)
- briller (présent, 3e personne du singulier)
- finir (imparfait, 1re personne du singulier)
- venir (imparfait, 3e personne du pluriel)
- vouloir (imparfait, 2e personne du singulier)

J'apprends

Ne pas confondre les terminaisons du futur de l'indicatif

Terminaison du verbe	Sujes	Exemple
-ras	Tu	Tu partiras.
-ra	Il / Elle / On GN singulier	Il reviendra. La neige tombera.
-rons	Nous	Nous prendrons.
-ront	Ils / Elles GN pluriel	Elles feront. Les oiseaux chanteront.

Ne pas confondre les terminaisons en [õ] au présent de l'indicatif

Attention ! Au présent, à la 3e personne du pluriel, les verbes **être**, **avoir**, **aller** et **faire** se terminent par ***-ont*** : *ils sont, ils ont, ils vont, ils font*.
Il ne faut pas confondre cette terminaison avec ***-ons*** (2e personne du pluriel, nous).

Je m'exerce

8 * **Reformule la règle :**
Au futur, il ne faut pas confondre les terminaisons des 2e et ... personnes du singulier (*tu* et *il*) et les terminaisons des 1re et ... personnes du pluriel (*nous* et *ils*).

Ne pas confondre les terminaisons du futur

9 * **Recopie tous les verbes conjugués à la 2e personne du singulier.**
Dès la fin du mois d'août, le paysage commencera à changer. Tu verras les feuilles des arbres jaunir. Les gros orages d'été laisseront la place à des pluies moins fortes. Tu pourras bientôt remettre ton manteau et ton bonnet.

10 * **Recopie avec la bonne terminaison du futur : -ras ou -ra.**
- Tu trouve... les clés sur l'étagère.
- Fabien réuni... tous ses copains samedi.
- La petite souris sorti... bien de son trou !
- Tu voud... du gâteau ?
- On prend... le train.

11 * **Recopie avec un pronom personnel sujet qui convient.**
... continuera • ... grandiras • ... pleureras • ... conduira • ... partiras

12 * **Recopie les phrases avec le verbe correctement conjugué.**
- Nous (*irons / iront*) au cinéma demain.
- Les feuilles mortes (*tomberons / tomberont*).
- Elles (*serons / seront*) heureuses.
- Nous (*voyagerons / voyageront*) en Italie.

13 ** **Recopie en conjuguant au futur.**
- Les parents (*réveiller*) les enfants à 6 heures.
- Nous (*partir*) très tôt demain matin.
- Les valises (*être*) dans le coffre.
- Nous (*dîner*) au restaurant demain soir.

14 ** **Récris ces phrases en remplaçant le sujet nous par ils.**
- Nous colorierons ces dessins.
- Nous imaginerons une suite à cette histoire.
- Nous fournirons les explications.
- Nous aurons un nouvel équipement.

Ne pas confondre les terminaisons *-ons* et *-ont* au présent

15 * **Conjugue les verbes suivants au présent, à la personne demandée.**
- aller, 1re personne du pluriel
- être, 3e personne du pluriel
- avoir, 1re personne du pluriel
- aller, 3e personne du pluriel

SYNTHÈSE

16 * **Récris les phrases en choisissant la bonne terminaison du verbe.**
- Le jardinier (*récolte / récoltent*) ses poireaux.
- Nous (*prendront / prendrons*) un train pour Nice.
- Vous (*viendraient / viendrez*) vers 19 heures.
- En Tunisie, je (*mangeais / mangeait*) beaucoup de dattes.
- Tu (*marche / marches*) bien trop vite ! Je n'(*arrive / arrives*) pas à te suivre.

17 ** **Récris les phrases et complète la terminaison des verbes, en fonction de la personne et du temps.**
- Ils jou... dehors malgré le froid. → *présent*
- La petite sœur de Karim cass... souvent ses jouets. → *présent*
- Je regard... souvent les dessins animés quand j'étais petite. → *imparfait*
- Il lis... des romans d'aventures. → *imparfait*
- Elles continue... plus tard. → *futur*
- Nous cueille... des cerises cet été. → *futur*

J'ÉCRIS

Employer des verbes sans confondre les terminaisons

18 * **Le bas-relief ci-dessous représente un maître et des enfants à l'école romaine. Écris deux phrases à l'imparfait pour répondre aux questions suivantes :**
- Comment le maître était-il habillé ?
- Que faisaient les enfants ?

19 ** **Observe bien ces petits Romains à l'école avec leur maître. Écris quatre phrases à l'imparfait pour imaginer l'endroit où ils travaillaient, ce qu'ils y faisaient et comment ils s'habillaient.**

Découvrir les mots anglais entrés dans la langue française

20 ** **Le personnage principal du texte page 135 s'appelle M. Parking. Ce mot vient d'un mot anglais qui désigne l'action de parquer (garer) un véhicule. En français, ce nom signifie parc de stationnement.**
Retrouve les mots d'origine anglaise qui se cachent derrière ces définitions.
Utilise ton dictionnaire pour retrouver l'orthographe exacte !

a. Pâte à mâcher à base de gomme, souvent aromatisée aux fruits ou aux plantes. → ...
b. Tranches de pain grillé. → ...
c. Produit liquide servant à laver les cheveux. → ...
d. Congé de fin de semaine, le samedi et le dimanche. → ...
e. Changer fréquemment de chaîne de télévision avec la télécommande. → ...
f. Action de se rendre dans les magasins pour regarder les vitrines et faire des achats. → ...

DICTÉE PRÉPARÉE

Autrefois, à Rome, les écoliers n'avaient pas de cartable. Ils portaient une boîte qui contenait leurs outils de travail et leur déjeuner. La classe se déroulait en plein air.

on / ont
son / sont

La robe du cheval

Le cheval est admiré par l'homme. Sa puissance et son endurance sont impressionnantes.
Sais-tu ce que l'on appelle la robe d'un cheval ?

La robe désigne la couleur des crins (la crinière et la queue) et des poils du cheval. C'est sa carte d'identité. Il existe de multiples combinaisons.

… *robe simple*. Une robe est dite simple quand les poils et les crins sont de la même couleur. Ils peuvent être blancs ou noirs, mais les chevaux uniformément l'un ou l'autre sont rares. Leur couleur peut être alezan, une teinte marron, avec toutes les nuances possibles, du jaune au brun ou café au lait, une variante de l'alezan qui tire sur le beige.

… *robe composée*. La robe est dite composée lorsque les poils et les crins ont plusieurs couleurs. Ces deux couleurs peuvent être séparées ou mélangées.

… *ou robe pie*. Une robe pie est composée de deux couleurs disposées par plaques sur le corps. Si le noir est majoritaire, on parle de robe noir-pie. Si c'est l'alezan, d'alezan-pie. Si, au contraire, le blanc est majoritaire, on dit que la robe est pie-noir, pie-alezan…

D'après « Les chevaux », in *L'atlas des juniors*, Éd. Atlas jeunesse.

je comprends

a. Que désigne la robe chez un cheval ?

b. Associe chaque robe à sa particularité :
- robe simple – robe composée – robe pie.
- deux couleurs par plaques sur le corps – poils et crins de la même couleur – poils et crins de plusieurs couleurs.

je découvre

1 Mets ces phrases à l'imparfait de l'indicatif. Quels mots changent ? Pourquoi, à ton avis ?
- Son père pense que les chevaux sont des animaux peureux.
- Pour les chevaux qui ont mal aux pieds, on doit appeler le maréchal-ferrant.

2 Dans le texte, lis les mots en bleu et en rouge. Que remarques-tu ?

3 Complète avec on / ont / son / sont :
- Souvent, … chien veut sortir.
- Avec ta sœur, … prévoit d'aller à la piscine.
- Aimée et Kelim … de braves chevaux.
- Ils … oublié leurs clés !

J'apprends

on / ont

- **on** est un **pronom personnel sujet**. On peut le remplacer par *il* ou *elle*.
  Exemple : On part en vacances. → Il part en vacances.
- **ont** est le verbe **avoir** conjugué à la **3e personne du pluriel du présent** de l'indicatif. On peut le remplacer par *avaient*.
  Exemple : Les oiseaux ont besoin d'espace. → Les oiseaux avaient besoin d'espace.

Je m'exerce

4 * **Reformule la règle :**
On est un … . On peut le remplacer par … .
Ont est le verbe … conjugué à la 3e personne du … au présent de l'indicatif.

Conjuguer *avoir* à la 3e personne du pluriel

5 * **Complète les phrases suivantes avec avoir au présent.**
- Mes parents … appris la nouvelle.
- Les enfants … rendu hommage à Michaël Jackson.
- On croit souvent que les poissons … de la mémoire.
- Elles … deux chats et un hamster.

Utiliser le pronom *on*

6 * **Recopie chaque phrase en remplaçant le pronom sujet par on.**
Exemple : Il mange une pizza.
→ On mange une pizza.
- Il arrive toujours en retard.
- Souvent, elle aime prendre un thé au goûter.
- Il vient te voir dès qu'il est prêt.
- Le samedi matin, il va à la patinoire.

Distinguer les homophones *on* et *ont*

7 * **Recopie et complète ce texte à l'imparfait avec on ou avaient. Puis mets-le au présent.**
Au square, … pouvait faire du toboggan. Des enfants … leur ballon. Ils … aussi des raquettes. … jouait ensemble tout l'après-midi !

8 * **Recopie le texte en remplaçant on par il / elle et ont par avaient.**
On raconte que certains poissons ont des pouvoirs magiques. On lit ça dans les livres pour enfants. Les enfants ont moins de mal à croire ce genre d'histoire. Je pense qu'ils ont bien raison.

9 * **Écris les phrases suivantes au pluriel.**
- Elle a toujours raison.
- Ma copine a des rollers.
- La maîtresse a félicité ses élèves.
- Dimanche, l'entraîneur a grondé Paulo.
- Il a très faim.

Utiliser les homophones *on* et *ont*

10 * **Recopie les phrases et complète avec on ou ont.**
- Quand …-ils reçu la lettre ?
- Il faut qu'… y aille.
- … vous l'a déjà dit, ils n'… pas envie.
- Ils … bien entendu ce qu'… leur a dit.
- Parfois, … dit des choses qu'… ne pense pas.

11 ** **Recopie ce texte en corrigeant les fautes.**
À l'école ont ne peut pas dormir. Il faut toujours écouter les adultes qui on raison. Parfois j'imagine qu'avec mes copines ont pourrait inventer une nouvelle école. Elles on plein d'idées. Ont en parle souvent à la récréation. Une école où on demanderait aux élèves ce qu'ils on envie d'apprendre.

J'apprends

son / sont

- **son** est un **déterminant**. On peut le **remplacer** par un **autre déterminant** (*mon*, *ton*...).
  Exemple : Son chien est gentil. → Mon chien est gentil. Ton chien est gentil.
- **sont** est le verbe **être** conjugué à la **3e personne du pluriel du présent** de l'indicatif.
  On peut le remplacer par *étaient*.
  Exemple : Les enfants sont énervés. → Les enfants étaient énervés.

Je m'exerce

12 * **Reformule la règle :**

Son est un ... . On peut le remplacer par ... .
Sont est le verbe ... conjugué à la 3e personne du ... au présent de l'indicatif.

Utiliser le verbe *être* à la 3e personne du pluriel

13 * **Remplace sont par étaient.**

- Il raconte que les princesses sont méchantes.
- Elles sont comme ça depuis longtemps.
- Si elles sont comme on le dit, alors pourquoi sont-elles si célèbres ?

Utiliser le déterminant *son*

14 * **Remplace son par mon ou ton.**

- Son chien a toujours faim.
- Son cousin ne m'a pas rendu mon jeu vidéo.
- Si tu viens, tu pourras voir son vélo.
- Son emploi du temps est toujours chargé.

Distinguer les homophones *son* et *sont*

15 * **Recopie les phrases en remplaçant :**
– son par mon ou ton ;
– sont par étaient.

- Son histoire n'est pas passionnante.
- Ces élèves sont toujours en retard.
- Lise et Théo sont toujours pressés.
- Son chien et son chat sont adorables.
- Ils sont partis en vacances avec son équipement de camping.

Utiliser les homophones *son* et *sont*

16 * **Recopie les phrases et complète avec son ou sont.**

- ... chat et ... chien ne ... pas vaccinés.
- ...-elles au courant de cette histoire ?
- Qui ... ces personnes ?
- Ce gâteau et ... coulis ... délicieux.
- Les plumes de ... oiseau ... brillantes.

17 ** **Recopie ce texte en corrigeant les fautes.**

Son pyjama et sont oreiller son tombés sous le lit. On a cherché toute la soirée, en vain. Ses frères se sont mis à quatre pattes pour chercher, rien. Il est tard et demain il y a classe, les enfants on besoin de sommeil pour bien apprendre. Même s'ils ne son pas fatigués, ils doivent aller au lit.

18 ** **Écris deux phrases avec son ou sont. Vérifie ce que tu as écrit en mettant ces phrases à l'imparfait.**

EXERCICES SUPPLÉMENTAIRES

SYNTHÈSE

19 * **Recopie et complète le texte suivant avec les mots qui conviennent.**

À la montagne, les habitants (*son/sont*) habitués à la neige. Ils (*on/ont*) des vêtements et des voitures adaptés. Quand je vais voir mon cousin là-bas, (*on/ont*) passe des heures à regarder (*son/sont*) père atteler les chiens et parcourir la vallée. Parfois, mon cousin et moi, (*on/ont*) monte sur le traîneau. Ces chiens (*on/ont*) une force incroyable !

20 ** **Recopie et complète les phrases suivantes avec on, ont, son ou sont.**

- ... ne pourra pas voir le film, nos tickets de cinéma ne ... plus valables.
- ... vélo est équipé de pédales qui ... des roulements spéciaux.
- S'il téléphone à ... cousin, sa tante et ... oncle seront contents.
- ... ne voit pas où ... passés les desserts ! Ils ... disparu de la table !

J'ÉCRIS

Employer *on/ont* et *son/sont*

21 * **À l'aide des mots suivants, décris cette photo en deux phrases : parents, son, téléphone, on, jardiner, ont, sonner, copain, sont.**

22 ** **Écris trois phrases pour expliquer à la jeune fille au téléphone ce qu'il se passe derrière elle (couleurs, personnes, activités...). Tu dois employer son, sont, on et ont.**

Écrire un poème

23 ** **En t'aidant de ces débuts de vers, écris un petit poème de quatre lignes :**

Quand je serai...
J'aimerai...
J'irai...
Je ferai...

Tu peux faire des rimes !

Faire des rimes

- Dans un poème, les vers se terminent par **des mots qui riment, deux par deux.** Ces mots se terminent par le **même son.**
- Quelques **exemples** de mots qui riment : *gr<u>and</u>/enf<u>ant</u>, m<u>er</u>/sup<u>er</u>, ball<u>on</u>/sal<u>on</u>, voyag<u>er</u>/déménag<u>er</u>...*

N'oublie pas de donner un titre à ton poème. Tu peux t'amuser à lire ton poème à toute la classe !

DICTÉE PRÉPARÉE

De nos jours, rares sont les gens qui n'ont pas de téléphone portable. On ne peut plus s'en passer, son utilisation est simplifiée pour pouvoir l'utiliser facilement. Parfois je me demande : « Comment faisait-on avant ? »

a / à
est / et

La menthe, une plante au parfum délicieux

Il faut toujours avoir de la menthe à portée de la main. L'odeur est merveilleuse et quelques feuilles suffisent à parfumer les salades ou à faire de délicieuses boissons glacées. Son seul défaut : elle est si vigoureuse qu'elle envahirait vite le jardin. Pour la freiner, plante-la au printemps dans un grand pot. Raccourcis souvent les tiges pour faire pousser de nouvelles feuilles toutes fraîches.

La menthe a tout un réseau de tiges qui courent sous terre et s'enracinent : les rhizomes. C'est grâce à ces tiges qu'elle prend vite tellement de place.

Dans un pot, la menthe est rapidement à l'étroit. Rempote-la dans un pot plus gros et coupe 2 ou 3 tiges souterraines que tu installeras dans un autre pot. Cette multiplication-là, c'est un bouturage des rhizomes.

Catherine NURIDSANY, *Graine de jardinier*, Éd. Flammarion.

Je comprends

a. Pourquoi faut-il toujours avoir de la menthe à portée de main ?

b. Réponds par vrai ou par faux.
- Les rhizomes sont des réseaux de tiges qui courent sous terre.
- Il faut laisser les tiges s'allonger pour faire pousser de nouvelles feuilles.
- On peut mettre de la menthe dans la salade.

c. À ton avis, dans quels produits peut-on trouver de la menthe ?
du fromage – des chewing-gums – du thé – des pâtes – du pain – du lait – du dentifrice

Je découvre

1 Mets ces phrases à l'imparfait de l'indicatif. Quels mots changent ?
- Dans un pot, la menthe n'a pas assez de place, elle est à l'étroit.
- L'odeur est merveilleuse et ses feuilles parfument les salades.

2 Dans le texte, lis les mots en bleu et en rouge. Que remarques-tu ?

3 Complète avec à / a / est / et :
- Je vais ... l'école.
- Lilian ... souvent en retard.
- J'aime le chocolat ... la vanille.
- Jeanne ... peur des araignées.

J'apprends

à / a

- **à** est un mot **invariable**.
  Exemple : Les élèves sont toujours **à** l'heure.
- **a** est le verbe **avoir** conjugué à la **3e personne du singulier du présent** de l'indicatif. On peut le remplacer par *avait*.
  Exemple : Il **a** le droit de sortir seul. → Il **avait** le droit de sortir seul.

Je m'exerce

4 (*) **Reformule la règle :**

À est un mot ... .
A est le verbe ... conjugué à la 3e personne du ... au présent de l'indicatif.

Conjuguer le verbe *avoir* à la 3e personne du singulier

5 (*) **Conjugue au présent de l'indicatif, à la 3e personne du singulier.**

Exemple : avoir faim → il a faim.
avoir froid – avoir raison – avoir peur

Distinguer les homophones *à* et *a*

6 (*) **Remplace il / elle par ils / elles.**

- Elle a ramassé beaucoup de pommes à la ferme.
- À l'automne, il a perdu son petit chat.
- À la piscine, elle a plongé.
- Il n'a pas fini ses bêtises !
- Il a faim. Il n'a qu'à se mettre à table.

7 (**) **Recopie ces phrases en les mettant à l'imparfait de l'indicatif. Entoure les mots qui ont changé.**

Exemple : Elle a de la peine à partir.
→ Elle [avait] de la peine à partir.

- Mon petit frère a les cheveux blonds et les yeux bleus.
- Parfois, Simon a envie de manger à la cantine.
- S'il a autant de succès, c'est grâce à sa chanson disco.
- Samuel a une grande maison avec un jardin.

Utiliser les homophones *à* et *a*

8 (*) **Recopie et complète avec a ou à. Justifie tes réponses en transformant toutes tes phrases à l'imparfait.**

Exemple : Il ... beaucoup d'amis ... l'école.
→ Il a beaucoup d'amis à l'école.
(À l'imparfait : Il avait beaucoup d'amis à l'école.)

- Kevin ... des patins ... roulettes.
- Il y ... bien longtemps que je ne vais plus ... la piscine.
- Dans cet hôtel, on trouve ... manger et ... boire.
- Il ... cru ... cette histoire ridicule ?
- ... présent, elle ... le choix.

9 (**) **Recopie ce texte en mettant l'accent sur a si nécessaire.**

Samedi, Diego a fait du roller a Paris, en mangeant une glace a la vanille. Il a renversé son cornet sur son pull a capuche ! Il est vraiment étourdi. Il n'a pas pensé a ce qu'il faisait.

10 (**) **Recopie et complète le texte avec a ou à.**

... l'ombre des palmiers, Ali ... attendu ses compagnons. Il veut apporter des dattes ... sa mère. Elle en raffole. Elle lui ... demandé d'en prendre beaucoup. Il l'... écoutée, il passera ce soir lui déposer sa récolte ... la maison.

J'apprends

et / est

- **et** signifie « puis ». C'est un **mot invariable**.
  Exemple : Je lis **et** je comprends. → Je lis **puis** je comprends.
- **est** est le verbe **être** conjugué à la **3e personne du singulier du présent** de l'indicatif. On peut le remplacer par *était*.
  Exemple : Cette voiture **est** performante. → Cette voiture **était** performante.

Je m'exerce

11 * **Reformule la règle :**
Et est un mot … . On peut le remplacer par … .
Est est le verbe … conjugué à la 3e personne au … au présent de l'indicatif.

Distinguer les homophones *et* et *est*

12 * **Conjugue au présent de l'indicatif, à la 3e personne du singulier.**
Exemple : être gentil et serviable
→ Il est gentil et serviable.
être sérieux et drôle – être sportif et dynamique – être agité et intelligent.

13 * **Remplace il / elle par ils / elles.**
- Elle est toujours à l'affût du moindre ragot et elle rapporte tout.
- Ce soir, il est au cinéma.
- Il est en retard et le bus va partir.
- Elle est la plus drôle de la classe.
- Il est dehors avec Pierre et Raphaël.

14 ** **Recopie ces phrases en les mettant à l'imparfait de l'indicatif. Entoure les mots qui ont changé.**
Exemple : Mon père est toujours en retard à la gare et chez le médecin.
→ Mon père était toujours en retard à la gare et chez le médecin.
- Est-il possible de vous demander un café et un verre d'eau ?
- Il est inadmissible que toi et ta sœur ne veniez pas !
- Le chat de la voisine est sur le toit de notre maison et c'est drôle !

Utiliser les homophones *et* et *est*

15 * **Complète avec et ou est. Justifie ta réponse comme dans l'exemple.**
Exemples : Le poulain est avec sa mère.
→ Je peux dire « était ».
Il trotte et il galope.
→ Je ne peux pas dire « était ».
L'éléphant … un pachyderme. Il a une trompe … des défenses en ivoire. Sa vie … longue … difficile. Il vit en Afrique … en Asie.

16 * **Complète avec et ou est.**
Exemple : Il … pressé … énervé.
→ Il est pressé et énervé.
- Quand …-il arrivé ?
- Parfois, les filles mettent des robes … des collants.
- … si je te dis qu'il … trop tard ?
- L'hiver … froid … nous n'avons pas de bonnet.

17 ** **Complète avec et ou est. Attention au sens !**
Le frère … la sœur. • Ma grand-mère … malade. • Le chien … le chat. • La boulangère … le pain. • Le cycliste … fatigué. • Cette fleur … jolie.

18 ** **Recopie ce texte en corrigeant les fautes.**
Léo est tombé de son lit est a réveillé tout le dortoir. Son copain s'et fait disputer par l'animateur. Léo a trouvé que ça n'était pas juste est il s'est dénoncé. L'animateur ne l'a même pas disputé ! C'est chouette cette colonie !

EXERCICES SUPPLÉMENTAIRES

SYNTHÈSE

19 * **Recopie et complète le texte suivant avec les mots qui conviennent.**
Dans le jardin, ma mère (*à/a*) posé une boule de graisse (*à/a*) côté d'un bol d'eau, pour les oiseaux (*et/est*) leurs petits. Un rouge-gorge (*est/et*) venu picorer ce matin. Quand il m'(*a/à*) vu, il s'(*et/est*) envolé et (*a/à*) regagné son nid (*a/à*) toute vitesse.

20 ** **Recopie et complète les phrases suivantes avec a, à, est ou et.**
Zoé ... une adorable chatte angora. Elle vient de Californie. Pour arriver ... Lyon, en France, elle ... pris l'avion ... le train. C'... une vraie aventurière. Elle ressemble ... un nounours ; elle ... toute douce.

J'ÉCRIS

Employer *à/a* et *est/et*

21 * Observe cette danseuse de flamenco. À l'aide des mots suivants, décris la photo en deux phrases : danseuse, robe, est, à, et, a, rouge, guitariste, chaussures à talons.

22 ** À l'aide de la photo et de ton dictionnaire, écris quelques phrases pour expliquer ce qu'est le flamenco.
Tu dois employer au moins deux des mots suivants : a, à, est, et.
Aide-toi des mots suivants : Espagne, guitare, chant, danse.

Connaître les plantes aromatiques

23 ** a. La menthe est une plante aromatique. On s'en sert pour la cuisine, les tisanes...
Connais-tu d'autres plantes aromatiques ?
Retrouve le nom des plantes suivantes : lavande – ciboulette – basilic.

b. Cherche dans ton dictionnaire comment on peut utiliser ces plantes en cuisine (ou en médecine, en parfumerie...) et fais une phrase avec chaque plante.
Exemple : La menthe permet de parfumer les salades.

DICTÉE PRÉPARÉE

Juliette aime bien se reposer près du feu. Assise dans le fauteuil, elle se réveille, les yeux pleins de sommeil, elle enfile son chandail et elle boit une tisane au fenouil.

Les lettres finales muettes

Une journée comme les autres

C'est ennuyeux de se lever le matin et de sortir de son lit pour toute une journée. Aujourd'hui, au petit déjeuner, j'ai trouvé un serpent à sonnettes dans la boîte à sucre. Hier, c'était un serpent à lunettes. Et puis je n'ai pas pu boire mon chocolat parce qu'il y avait une sirène qui nageait la brasse dans ma tasse. Quand j'ai voulu me couper une tartine, le pain s'est mis à parler. Il m'a dit d'une voix ensommeillée : « Tu ferais mieux d'aller te laver les mains. » Dans la salle de bains, une sorcière s'était amusée à transformer mon peigne en prince charmant et mon père en mille-pattes. J'ai dû dire à mon père d'aller s'essuyer les pieds ailleurs que dans le lavabo. Et j'ai demandé à la sorcière d'arrêter ses bricolages. En passant par le salon, j'ai vu mon petit frère qui mangeait la télévision. Et après, il s'étonne d'avoir mal au ventre ! Je suis retourné dans ma chambre et comme d'habitude, je me suis disputé avec ma sœur.

Bernard FRIOT, « L'événement », *Histoires pressées*, Éd. Milan.

Je comprends

a. Quelle étrange rencontre fait le héros de cette histoire ?
- Un hippocampe.
- Une sirène.
- Un serpent à sonnettes.

b. Quel objet la sorcière transforme-t-elle en prince charmant ?

c. Quelle mésaventure arrive à chaque personnage ?

Le héros de l'histoire •	• dévore la télévision.
Le père •	• est transformé en mille-pattes.
Le petit frère •	• se fait rappeler à l'ordre par sa tartine de pain.

Je découvre

1 **Lis les mots en bleu. Prononces-tu la lettre qui se trouve à la fin de chaque mot ?**

2 **Mets ces mots au féminin, comme dans l'exemple.**
Observe les transformations des terminaisons.
Exemple : charmant → une personne charmante
petit → une ... part de gâteau
ennuyeux → une leçon ...

3 **Trouve de quels mots en bleu dans le texte viennent les mots soulignés :**
- un lait chocolaté
- une nouvelle literie
- des serpentins colorés

4 **Quelle est la lettre muette à la fin de chaque mot souligné ?**
Je ne veux pas venir maintenant dans le salon.

J'APPRENDS

Écrire des mots avec des lettres finales muettes

- Beaucoup de mots se terminent par des **lettres muettes**, ce qui veut dire qu'on ne les **prononce pas à l'oral**.
  Exemples : un lit, blanc, précis, fâcheux…
- Pour trouver cette lettre finale muette, on peut :
  – **mettre le mot au féminin.**
  Exemples : un marchand → une marchande plat → plate
  – **chercher un mot de la même famille.**
  Exemples : un retard → retarder du lait → un laitage
- **Remarque :** certains mots outils se terminent par des lettres muettes.
  Exemples : puis, ailleurs, aussitôt…

JE M'EXERCE

5 * **Reformule la règle :**
Pour trouver la lettre muette qui termine un mot, on peut passer du masculin au … ou chercher un mot de la même … .

Identifier les lettres finales muettes

6 * **Recopie et entoure les lettres finales des mots suivants :**
vieux – un toit – un pois – franc – au galop – du sirop – un tracas – un ajout – du lilas – un gland – peureux – une perdrix.

Écrire les lettres finales muettes

7 * **À partir de chaque mot au féminin, écris le mot au masculin, avec la lettre finale muette qui convient.**
Exemple : une fillette blonde → un garçon blond.
- une crinière blanche → un tee-shirt …
- une fumée grise → un pelage …
- une mauvaise nouvelle → un … sort
- une mère inquiète → un professeur …
- une explication confuse → un dialogue …

8 **Écris la lettre finale muette de chaque mot. Pour t'aider, cherche le verbe de la même famille.**
Exemple : un suspec… → suspecter → un suspect.
un ajou… – un refu… – un cam… – un complo…

9 ** **Recopie ces phrases et complète la dernière lettre de chaque mot.**
- Ce travail est très lon… .
- Je t'attends dehor… .
- Mon petit frère est genti… .
- Tu quittes tar… ou tô… ?
- Lucas est mor… de fatigue !

Mémoriser des mots outils se terminant par des lettres muettes

10 * **Trouve les six mots outils se terminant par des lettres finales muettes.**
D'abord, je vais dans le box puis je caresse mon cheval avant de préparer la selle. Après, je le sors du box pendant que l'autre cheval arrive.

J'ÉCRIS

11 * **Complète ces slogans publicitaires en utilisant les mots qui riment : sang, mieux, réconfort.**
Exemple : Le sport, c'est le goût de l'effort !
- Après l'effort, le … !
- Plutôt que vivre vieux, essayons de vivre … !
- Rentre dans le rang : viens donner ton … !

12 ** **Écris un court texte en utilisant ces mots : un cavalier – grand – gris – puis.**
Pour commencer : *Sur son cheval gris, le cavalier…*

Les mots invariables

Armand, un canard pas comme les autres

Pour nous mettre dans des situations pas croyables, Armand est une sorte de technicien spécialisé. Un professionnel de l'incident diplomatique. Il a une très longue expérience de canard qui ne veut rien faire comme tout le monde.

Moi, cela ne me dérange pas. Je l'aime beaucoup. Et lors de nos conversations, il m'explique son point de vue avec grand discernement[1]. Malgré son caractère de cochon, Armand n'est pas si bête.

Le seul ennui, c'est qu'il est original. Et un jour, avec toutes ces bêtises, mes parents vont finir par craquer. C'est presque sûr. Un jour ou l'autre, ils vont s'en débarrasser pour de bon. Armand ne se rend compte de rien. J'ai beau lui expliquer, c'est à croire qu'il se bouche les oreilles.

Olivier MAU, *Armand et le commissaire Magret*, Éd. Syros.

1. *avec discernement* : avec bon sens.

Je comprends

a. Qui est Armand ?

b. Armand a un caractère de :
chat • cigale • canard • cochon.

c. Réponds par vrai ou par faux.
- Armand ne se rend pas compte que les parents vont craquer.
- Armand veut toujours tout faire comme tout le monde.
- Les bêtises d'Armand dérangent tout le monde.

Je découvre

1 Dans le texte, relève les mots en bleu. Change leur genre et/ou leur nombre

Exemple :	changement du genre	changement du nombre
un	*une*	*des*

2 Dans le texte, relève cinq mots en rouge. Peux-tu changer leur genre et/ou leur nombre ?

3 Quels sont les mots invariables dans la liste ci-dessous ? Pourquoi sont-ils invariables ?
pourtant – demain – depuis – vélo – aussi – le – finir – quand – il – verre

J'apprends

Écrire des mots invariables

- Les **mots invariables** sont des mots qui **ne changent jamais d'orthographe**.
Il faut savoir les écrire car ils sont **utilisés souvent**.

- Dans une phrase on peut modifier le temps des verbes ou le genre et le nombre des GN. Seuls les **mots invariables ne changent pas d'orthographe**.

Exemples :
Demain, il part **avec** son vélo.
→ **Demain**, ils partiront **avec** leurs vélos.

Et pourtant je n'aime **que** la natation.
→ **Et pourtant** il n'aimait **que** la natation.

Je m'exerce

4 * **Reformule la règle :**
Les mots invariables sont des mots qui … .

Reconnaître des mots invariables

5 **Relève les mots invariables.**
- Pierre et son ami veulent toujours du chocolat.
- Martine s'arrête souvent devant la vitrine du pâtissier.
- Que serais-je sans toi ?
- Maintenant, Ahmed doit faire ses devoirs.
- Trop c'est trop !

6 ** **Chasse l'intrus dans chaque liste.**
- mieux – après – peu – devenir – sous
- aussi – libellule – comme – pas – tôt
- voici – moins – dessous – avec – la
- cependant – entre – pour – marécage – sur

Utiliser des mots invariables

7 * **Recopie et complète ces phrases avec les mots invariables suivants : assez – surtout – dehors – combien.**
- …, il fait très froid.
- … de billes as-tu gagnées ?
- Tu as … mangé de pain.
- … ne rentre pas tard !

8 * **Recopie et complète ces phrases avec les mots invariables suivants : jamais – parmi – enfin – autrement – trop – quand – dans. Un des mots peut être utilisé 2 fois.**
- Tu mets … de sucre … ton café.
- Vous êtes … arrivés … nous.
- … vas-tu à la patinoire ?
- Il ne faut … dire … .
- … dit, tu ne viens pas.

9 ** **Complète ces dictons de Jean de La Fontaine avec les mots invariables suivants : souvent – qui – rien – à – que – plus.**
- « … ne sert de courir ; il faut partir … point. »
- « On a … besoin d'un … petit … soi. »
- « Tout flatteur vit aux dépens de celui … l'écoute. »

10 ** **Les mots invariables ont disparu ! Recopie et complète ces dictons correctement.**
- Mieux vaut tard que … !
- … vole un œuf vole un bœuf.
- Avoir les yeux … gros que le ventre.
- … les poules auront des dents !
- Il ne faut pas mettre la charrue … les bœufs.

J'apprends

Cette liste de mots invariables est à apprendre par cœur !

Alors	Chez	Longtemps	Puis
Après	Combien	Lorsque	Quand
Assez	Comme	Maintenant	Quelquefois
Aujourd'hui	Comment	Mais	Rien
Auprès	Dans	Malgré	Sans
Aussi	Dedans	Mieux	Soudain
Aussitôt	Dehors	Moins	Sous
Autant	Demain	Parfois	Souvent
Autrefois	Depuis	Parmi	Sur
Autrement	Dessous	Partout	Surtout
Avant	Devant	Pas	Tard
Avec	Enfin	Peu	Tôt
Beaucoup	Ensuite	Plus	Toujours
Bientôt	Entre	Plusieurs	Très
Ceci	Hier	Pour	Trop
Cela	Ici	Pourtant	Vers
Cependant	Jamais	Près	Voici
Chaque	Loin	Presque	

Je m'exerce

11 * **Reformule la règle :**
Les mots invariables sont des mots qu'il faut apprendre … .

Utiliser des mots invariables

12 **Associe chaque mot invariable à son contraire.**

toujours •	• moins
dedans •	• aujourd'hui
avant •	• sous
sur •	• jamais
plus •	• dehors
demain •	• après

13 * **Dans la liste ci-dessus, trouve les mots invariables contraires aux mots suivants :**
avec – dessus – bientôt – rien – tôt.

14 ** **En t'aidant de la liste, complète ces phrases avec un mot invariable qui convient.**
- Ton travail est … réussi.
- … il pleuvait, … il fait beau.
- Au cross de l'école, je suis arrivé … toi.
- Ninon et sa mère mangent … .

15 ** **Complète ces phrases avec un mot invariable qui convient.**
- Au parc, les enfants montent … le toboggan.
- … ma maison, il y a la mer.
- Tu parles … et … fort !
- Ta grand-mère va … revenir ?
- En Belgique, on mange … de chocolat.
- … mes amies, nous aimons nous déguiser … en princesses.

16 ** **Emploie trois des mots invariables de la liste dans trois phrases différentes.**

EXERCICES SUPPLÉMENTAIRES

SYNTHÈSE

17 * **Recopie ce texte en remplaçant les mots invariables par leurs contraires. Tu peux t'aider de la liste page 151.**

Je ne vais jamais au cinéma. Je préfère regarder des DVD avec mes copines. Après, on prépare des crêpes. On les garnit avec beaucoup de sucre. On en fait plus qu'il n'en faudrait. Plus tard, nous allons dehors jouer aux raquettes.

18 ** **Dans ce texte, des mots invariables ont été déplacés. Sauras-tu retrouver leur place et redonner du sens à ce texte ? Aide-toi des majuscules.**

Recopie le texte correctement.

vraiment que je fais du sport, je ne suis plus malade. Il ne faut pas trop en faire car cela peut être devant mauvais pour le corps ! c'est mieux que de rester Cependant la télé. Depuis quand les programmes ne sont Surtout pas intéressants.

J'ÉCRIS

Employer des mots invariables

19 * **Décris l'image avec deux phrases commençant par** La maîtresse n'aime pas...

Utilise au moins deux de ces mots invariables : avec, beaucoup, dessous, pour, moins.

Exemple : La maîtresse n'aime pas qu'on joue avec nos affaires.

20 ** **Écris en quelques phrases ce que la maîtresse peut dire au petit garçon du premier rang.**

Utilise quatre mots invariables **de la liste de la page 151.**

Décrire les saisons

21 ** **Chaque dessin symbolise une des quatre saisons : le** printemps**, l'**été**, l'**automne**, l'**hiver**. À partir de cette image, écris une phrase pour décrire chaque saison.**

Pour t'aider, voici quelques mots de vocabulaire :

– bouquet, nid, champs, bourgeon...
– vacances, ensoleillé, chaleur...
– feuilles, marron, rentrée des classes, averses...
– neige, givre, gelée...

Exemple : En été, je vais au bord de la mer et le soleil brille !

DICTÉE PRÉPARÉE

Romain ramasse tout le temps des bestioles dehors. Il les cache dans ses poches et parfois dans les poches des filles. Elles hurlent et nous rigolons beaucoup.

Révisions

Le son [s]

1 Recopie les mots dans lesquels tu entends le son [s].

un cahier – une ardoise – l'électricien – une cheminée – un garçon – une palissade – une bise – attention – décider – un tricot – un oiseau – présent – le silex – un taxi – des clous – un chat – du shampoing – un chewing-gum – une astuce – un clavier – une confection

2 Recopie et complète le texte avec le son [s] correctement orthographié.

...oudain, elle ...'aper...ut qu'il lui manquait ...on ...oulier. Elle remonta les e...caliers en vite...e, croisant ...a ...œur qui n'avait rien vu. Elle la ...oup...onna de mentir. De toute fa...on, ...ette dernière avait de trop grands pieds ! Elle pa...a devant les cuisines. La voyant pieds nus, le cuisinier lui proposa des chau...ons !

La lettre g

3 Recopie les mots avec g ou gu.

la fati...e – ...etter – une ...rillade – une ...rive – une ...alipette – un ...louton – ...aloper – un ...orille – un ...ide – l'île de la ...adeloupe – la ...orge – un ...roupe – ...lisser – ...rand – dé...lutir – une ...aufre – une ...ar...ouille

4 Recopie les mots avec g, ge ou gu.

une ba...ette – une bou...ie – la pla...e – bou...er – une fi...e – ...eler – la ma...ie – rou...e – un ma...azine – la man...e – une lon...eur – une cour...ette – un ca...ot – un on...le – un ...ratin – une va...e

Le son [k]

5 Recopie les mots dans lesquels tu entends le son [k].

Le cerf avait couru pour échapper aux chasseurs. Il se cachait dans un coin de la clairière. Tout d'un coup surgit Karim. Il était petit mais costaud. Quand il a vu le cerf, il s'accroupit dans un paquet de feuilles mortes. Ils se regardèrent pendant un long moment. L'occasion d'un tel tête-à-tête n'était pas courante ! Karim entendit l'écho de son père qui le cherchait.

6 Recopie les mots suivants avec la bonne orthographe du son [k].

une a...olade – une pa...otille – un ...œur – une table en te... – une to...e – un ...iwi – un pa... de soda – un ...ostume ...a...i – un tri...ot – la ...ronologie

Le son [ã]

7 Des intrus se sont glissés dans la liste. Sauras-tu les retrouver ?

amener – embêtant – amusant – ambulance – antérieur – intelligent – ennuyeux – ânerie – embarras – pente

8 Recopie ce texte et complète les mots avec la bonne orthographe du son [ã].

Ces ricanem...ts incess...ts sont vraim...t pénibles. L'...biance dans la classe est depuis longt...ps désagréable, à cause de deux ...f...ts qui ne veulent pas travailler. Pourt...t, tout le monde va recevoir son bulletin au print...ps. Et là, je p...se que ça sera moins marr...t !

Le son [j]

9 Recopie et complète les mots suivants en écrivant correctement le son [j].

une fi…e – r…en – une pa…asse – un ra… – une fa…e – une vo…elle – une grose…e – un recue… – un …éti – de l'a…

10 Trouve dans ces mots mêlés tous ceux qui contiennent le son [j].

h	l	p	i	q	k	b	o	c
k	n	c	j	u	a	i	l	a
b	o	s	e	i	l	l	e	i
m	u	a	m	l	n	l	c	l
r	i	e	n	l	o	e	u	l
a	l	i	s	e	p	a	y	e
j	l	z	p	w	l	i	e	o
p	e	t	i	q	e	v	r	n

Le son [o]

11 Relève les mots dans lesquels tu entends le son [o].

Je m'appelle Benjamin et cet après-midi je suis tombé amoureux d'un tigre. Sale journée à l'école ; je récolte une mauvaise note, et je flanque mon stylo à la tête d'un prof. Le directeur me convoque dans son bureau. C'est grand, grand, comme une prison sans portes, un océan sans navires.

D'après Paul Thiès, *Je suis amoureux d'un tigre*, Éd. Syros.

12 Recopie et complète les mots suivants en écrivant correctement le son [o].

un bat… – un gât… – une ch…ssure – un vél… – ch…d – un tabl… – un artich…t – de l'… – un pré… – la couleur j…ne – une p…ésie – un pyl…ne – la h…teur – …jourd'hui – un p…t… – b…coup – une t…pe – le s…leil – une …deur

Écrire devant m, b, p

13 Réponds aux questions suivantes par un mot contenant un m devant m, b ou p.

- Avec quel instrument de géométrie trace-t-on des cercles ?
- Que doit-on coller sur une enveloppe avant de la poster ?
- Comment appelle-t-on le nez de l'éléphant ?
- À l'automne, que ramasse-t-on dans les bois ?
- Comment appelle-t-on le véhicule, parfois blanc, qui transporte les malades ?

Les accents

Placer les accents

14 Recopie le texte en ajoutant les accents où il faut.

Toutes les emissions ne se passent pas dans un studio ! Souvent, l'equipe doit se deplacer pour assister à un evenement : competition sportive, discours du president de la Republique… C'est alors un tournage « en exterieurs ». Tout se passe dans un car video completement equipe comme un studio.

D'après O. Limousin, D. Neumann, *De l'autre côté de l'écran*, Éd. Gallimard.

15 Écris les mots avec l'accent qui convient. Attention aux pièges !

muette – une vipere – un calendrier – un eclair – un lievre – la fievre – un eclat – une epaule – un ecureuil – une abeille – le reveil – une regle – un siege

16 Écris les mots avec l'accent qui convient. Classe-les selon leur orthographe du son [ɛ] : è ou ê.

une foret – empecher – une riviere – la peche – embetant – la misere – une fenetre – la crinière – une mere – une guepe – la creme

17 Recopie et complète les phrases avec les mots suivants : tâche – pâte – mûr – tache – patte – mur. Attention aux accords !

- Elle a fait une énorme … sur sa chemise.
- Ce midi, on mange des … .
- Le chien a mal à la … .
- Avant de partir, il faut que tu accomplisses cette … .
- Je me suis cassé le bras droit en sautant par-dessus le … .
- Ce fruit n'est pas … .

18 **Certains mots ont perdu leur accent circonflexe. Écris-les correctement.**
un chateau – un drapeau – une ile – une bille – un paquet – une pause – le pole – une piqure – une voiture

Repérer quand l'accent change le son de la lettre

19 **Recopie les phrases suivantes et souligne les mots dans lesquels l'accent ne s'entend pas.**
- Armelle ajoute une bûche dans la cheminée.
- Je vais à l'hôtel avec mes parents.
- J'ai vu une émission très intéressante.
- À l'école, nous faisons du théâtre avec la maîtresse.
- Le chêne est un arbre, à ne pas confondre avec une chaîne en acier.

20 **Recopie le texte suivant et rétablis les accents, même ceux que l'on n'entend pas.**
J'ai trouve cette piece de theatre tres drole. Le roi était vraiment ridicule sur son trone en forme de gateau. J'ai adore la princesse deguisee en chevre qui voulait amuser son père. Mais le père ne riait pas du tout. C'est bete comme histoire mais tres original.

Le féminin des noms

21 **Dans le texte suivant, relève les noms et classe-les selon leur genre : masculin ou féminin.**
Ce soir, il y a un match de football à la télévision. Thomas attend ses copains. Il a préparé un repas pour tout le monde. Sur la table, il a disposé les assiettes et les couverts. Il est sûr que tous seront à l'heure. Le coup d'envoi est à 20 h 30. À la mi-temps, Thomas a prévu des glaces en dessert.

22 **Écris les noms au féminin :** un nageur – un menteur – un chien – un instituteur – un coiffeur – un pilote – un chauffeur – un chanteur – un boucher

23 **Trouve le masculin des noms suivants :**
une lionne – une infirmière – une inspectrice – une serveuse – une informaticienne – une juge – une mère – une actrice.

Le pluriel des noms

Reconnaître le singulier et le pluriel

24 **Complète les noms avec le déterminant qui convient : un, une ou des.**
... murs – ... lignes – ... assiette – ... routes – ... montagnes – ... œuf – ... ordinateur – ... plage – ... pantalon – ... vélos

Écrire le pluriel des noms

25 **Écris ces noms au pluriel.**
une voiture – l'enfant – ce chêne – l'oreiller – une photographie – un avion – une table – la mouche – l'exposition – un gardien

26 **Écris ces noms au pluriel :** un canal – un pou – un fou – un cheval – un cachou – un clou – un chenal – le métal – un châle – un bijou.

27 **Recopie ce texte avec le nom correctement accordé.**
Les (*frère/frères*) Lumière découvrent la (*reproductions/reproduction*) du mouvement. Le (*cinémas/cinéma*) est une (*suite/suites*) d'(*image/images*) fixes d'un (*cheval/chevaux*) au galop, par exemple, qui défilent tellement vite qu'on a l'(*impressions/impression*) de voir le (*chevaux/cheval*) avancer.

D'après *De l'autre côté de l'écran*, Éd. Gallimard.

28 **Recopie les phrases avec le nom correctement accordé.**
- La nuit, les (*hiboux/hibous*) hululent.
- Martine conserve ses confitures dans des (*bocals/bocaux*).
- La route est parsemée de (*clous/cloux*).
- Connais-tu un remède contre les (*maux/maus*) de gorge ?
- Les (*coraux/coraus*) sont protégés en mer.

29 **Récris les phrases en mettant les mots soulignés au pluriel.**
Attention à l'accord des verbes !
Ma copine vient jouer à la maison. – Cette chemise est à repasser. – J'ai oublié mon portable. – On a toujours besoin d'un plus petit que soi.

Les accords dans le GN

30 Relève les GN et classe-les selon leur genre : GN au masculin / GN au féminin.

- La classe de ma sœur part en classe verte.
- Cet enfant est dynamique.
- Les émissions de télévision sont parfois intéressantes.
- Demain, j'emmènerai mon ballon à l'école.
- Un tableau de Matisse a été volé au musée.

31 Classe les GN suivants selon leur nombre : singulier / pluriel.

des chips – un mas – le tas – des pieds – le temps – des gaz – une étude – ces journaux – un veau – un radis

32 Recopie le texte suivant en mettant les groupes nominaux soulignés au pluriel.

Cette histoire est surprenante. Comment croire qu'un homme a escaladé le mont Blanc en plein hiver ! Cet homme a mis quatre jours pour arriver au refuge. Là-haut, un guide attendait l'alpiniste qui raconta son aventure pendant une bonne partie de la nuit. Cette expédition était quand même risquée !

Accorder le verbe avec le sujet

33 Recopie les phrases avec le verbe correctement conjugué.

- Souvent, les oiseaux (*chante/chantent*) au printemps.
- La fille de Fabienne et son fils (*est/sont*) arrivés chez Céline.
- À la ferme, le coq (*animent/anime*) la basse-cour.
- Raphaël et moi (*viens/venons*) plus tôt.
- En classe de neige, les élèves et moi (*allons/vont*) skier.

34 Repère les sujets puis recopie les phrases en conjuguant les verbes au présent.

- La pluie, le vent et le froid (*faire*) de cette journée un cauchemar.
- Cette semaine, mes camarades et moi (*travailler*) sur les évaluations nationales.
- Pourquoi ton frère (*avoir*)-il autant de succès ?
- Comme cette école (*être*) belle !
- Ta cousine et toi (*manger*) toujours devant la télévision.

Les homophones grammaticaux

35 Recopie et complète ce texte avec les mots qui conviennent.

Les élèves (*on/ont*) hâte de partir en classe de neige. Ils (*son/sont*) excités à l'idée de voir les montagnes. En classe, (*on/ont*) leur a beaucoup parlé de ce qu'ils allaient faire. Ils (*on/ont*) déjà travaillé sur des documents qui (*son/sont*) en relation avec la faune et la flore des Alpes.

36 Recopie et complète le texte avec a, à, et ou est.

Météhan ... un bon élève. Il se concentre rapidement ... aide ses camarades ... résoudre les problèmes de mathématiques. Il ... une très jolie écriture ... il ... toujours de bonne humeur. Vraiment, cet élève ... beaucoup de qualités !

Les lettres finales muettes

37 Écris la lettre finale de chaque mot. Donne à chaque fois un mot de la même famille.

un cam... – un paque... – le lai... – un ta... – un chan... – un ron... – un plan... – le débu...

Les mots invariables

38 Complète le texte avec les mots invariables suivants : maintenant – jamais – aussi – toujours – vers – jamais.

Il ne faut ... dire ..., répétait souvent ma grand-mère. À l'époque, je ne comprenais pas ce qu'elle voulait dire. ..., je saisis tout à fait le sens mais ... l'intérêt de ses mots. Il faut ... se tourner ... ses aînés et les écouter.

Vocabulaire

Vocabulaire

Le vocabulaire de l'école

Pourquoi aller à l'école ?

Un père et son fils, le « petit père Renaud », discutent. Le petit père Renaud va bientôt entrer à l'école et il explique à son père ce qu'il sait déjà faire.

– Lire !... Écrire !... Faire des additions !... les soustractions !... les multiplications !... […]

Il tint sa main levée, large ouverte, doigts écartés.

– Cinq choses !

– Et les divisions ?

Il laissa retomber sa main.

– Tu n'as qu'à m'apprendre. Ça fera six !

– Je ne sais malheureusement pas assez bien les faire pour t'apprendre.

– Si tu ne sais pas à ton âge, je n'ai pas besoin de savoir, non plus.

– C'est souvent très gênant.

– Tu m'as dit, une fois, qu'en comptant sur ses doigts on s'en tirait toujours. Je sais très bien compter sur mes doigts.

– Tu apprendras beaucoup d'autres choses encore, à l'école.

– Quoi ?

– L'histoire, la géographie, la grammaire, l'orthographe...

Léopold CHAUVEAU, *Les deux font la paire*, Éd. La Joie de lire, 2003.

Je comprends

a. Ce texte est :
un dialogue – un récit.

b. Réponds par vrai ou par faux.
- Le petit père Renaud va déjà à l'école.
- Le père du petit garçon saura parfaitement lui apprendre ce que l'on fait à l'école.
- Le petit père Renaud connaît déjà l'histoire et la géographie.

c. Que sait déjà faire le petit garçon ?
- lire
- parler anglais
- écrire
- compter
- diviser

Je découvre

1 Les mots en bleu sont :
des verbes • des adjectifs.
Les groupes de mots en rouge sont :
des groupes nominaux • des adverbes.

2 Classe les groupes de mots par matière : mathématiques / français.
des additions – les soustractions – la grammaire – les multiplications – les divisions – l'orthographe

3 Quelles autres matières enseignées à l'école sont citées dans ce texte ?

4 Trouve les intrus qui ne sont pas des disciplines enseignées à l'école :
jeux vidéo – histoire – mathématiques – bricolage – arts visuels – corde à sauter.

J'apprends

Le vocabulaire spécifique de l'école

C'est l'ensemble des **mots qui se rapportent** essentiellement **à l'école** :
- le **matériel scolaire** → les cahiers, la trousse, le dictionnaire, un bureau...
- les **matières** ou **disciplines enseignées** → français, mathématiques, éducation musicale...
- les **personnes qui travaillent dans l'école** → le maître, l'infirmière, la directrice...
- les **locaux** → le préau, le réfectoire, la cour de récréation...
- les **actions** qu'on y fait → apprendre, calculer, expérimenter...

On parle aussi du **champ lexical** de l'école.

Je m'exerce

Identifier les différents lieux de l'école

5 * **Trouve à quel lieu de l'école correspond chaque définition.**
- Grande salle où la classe fait du sport.
- Endroit où les élèves peuvent emprunter ou consulter des livres.
- Endroit où les enfants prennent leur repas.
- Endroit abrité de la cour de récréation.
- Salle regroupant des postes informatiques.

Retrouver le vocabulaire des matières enseignées

6 * **Classe les mots suivants dans le tableau.**
l'éducation physique et sportive (EPS) – un psychologue – un manuel – l'enseignant – des cahiers – l'élève – la géographie – une équerre – le directeur – les mathématiques – la dame de service – un remplaçant – un ordinateur – le français – les sciences expérimentales – un classeur – un taille-crayon – l'histoire

Le matériel scolaire	Les disciplines	Les personnes
...	...	...

7 * **Retrouve la matière correspondant à chaque liste de mots : français, histoire, mathématiques.**
- roi / l'Antiquité / dates / Napoléon
- rédaction / conjugaison / orthographe / grammaire
- résoudre / diviser / mesurer / géométrie

8 * **Indique lors de quelle séance de mathématiques nombres et calculs, calcul mental, géométrie tu réalises ces consignes.**
- Avec ton équerre et ta règle, trace un carré de 4 cm de côté.
- Résous les opérations en les posant.
- Sur ton ardoise, écris rapidement les solutions des calculs.

9 ** **Dans quelle matière chaque liste de mots est-elle utilisée ?**
- manipuler – expérimenter – hypothèse – protocole
- courir – sauter – natation – adversaires – règles
- dessiner – photo – peinture – œuvres d'art

J'écris

10 * **Imagine ce que tu aimerais étudier à l'école. Rédige ta liste en colonne et mets un tiret (-) à la ligne pour chaque nouvel élément.**
Pour démarrer :
– la pâtisserie
– le trapèze...

11 ** **Imagine : ton petit frère entre au CP. Il a peur et tu veux le rassurer.**
Écris quatre phrases pour lui raconter les bons moments d'une journée à la grande école.
Utilise le vocabulaire de l'école :
les fournitures, les matières enseignées...
Pour démarrer : *Au CP, tu vas ...*

L'ordre alphabétique

baba n. m. ✦ Gâteau arrosé de rhum.
● Ce mot vient du polonais. Le baba a été introduit en France au 18e siècle par Stanislas Leczinsky, duc de Lorraine et ancien roi de Pologne.

babiller v. (conjug. 1) ✦ *Le bébé babille,* il fait entendre des bruits qui ne sont pas encore des mots. → **gazouiller.**

babines n. f. pl. 1. Lèvres de certains animaux. *Le chien grogne en retroussant les babines.* 2. *S'en lécher les babines,* c'est se réjouir à la pensée d'une chose agréable. *En pensant au gâteau qu'il va manger, Paul se lèche les babines.*

babiole n. f. 1. Petit objet sans valeur. → **bricole.** *Elle n'a rapporté que des babioles de son voyage.* 2. Chose sans importance. *Ils se sont fâchés pour une babiole.* → **bêtise, broutille.**

bâbord n. m. ✦ Côté gauche d'un bateau, quand on regarde vers l'avant. → aussi **tribord.** *Il y a des rochers à bâbord.*

babouche n. f. ✦ Chaussure de cuir plate et souple qui laisse le talon libre. *Dans les pays arabes, on porte des babouches.*

babouin n. m. ✦ Singe au museau allongé et aux lèvres proéminentes. *Les babouins vivent en Afrique.*

baby-foot [babifut] n. m. inv. ✦ Football de table qui se joue en faisant bouger des joueurs en bois à l'aide de manettes. *Une partie de baby-foot.* — Au pl. *Des baby-foot.*
● Ce mot vient de l'anglais.

baby-sitter [babisitœʀ] n. m. et f. ✦ Personne qui garde les enfants quand les parents sont sortis. — Au pl. *Des baby-sitters.*
● Ce mot vient de l'anglais.

baby-sitting [babisitiŋ] n. m. ✦ Garde de jeunes enfants en l'absence de leurs parents. *Cette étudiante fait du baby-sitting pour se faire de l'argent de poche.*
● Ce mot vient de l'anglais.

① **bac** n. m. ✦ Bateau qui sert à transporter des personnes et des véhicules d'une rive à l'autre d'un fleuve ou d'un bras de mer. → aussi **ferry.**

② **bac** n. m. ✦ Récipient. *Des bacs à fleurs. Les bacs à glace et le bac à légumes d'un réfrigérateur.*
▷ Autre mot de la famille : BAQUET.

③ **bac** n. m. ✦ Baccalauréat. *Il a passé son bac.*
● Ce mot est l'abréviation de *baccalauréat.*

babouche

Robert Junior 2009.

Je comprends

a. Sur cette page, on présente : un article de journal • des définitions de mots • une recette de cuisine.

b. Combien de définitions a le mot « bac » ?

c. En t'aidant des définitions de la page, réponds aux questions suivantes :
- Que retrousse le chien quand il grogne ?
- Où vivent les babouins ?
- Comment appelle-t-on le côté gauche d'un bateau ?

Je découvre

1 Par quelle lettre de l'alphabet commencent les mots de cette page ?

2 Pourquoi le mot « baba » est-il placé avant le mot « babiller » puisqu'ils commencent de la même façon ?

3 Entre quels mots placerais-tu le mot « babillage » ?

J'apprends

L'ordre alphabétique

- Dans le dictionnaire, les mots sont classés en ordre alphabétique.
a - b - c - d - e - f - g - h - i - j - k - l - m - n - o - p - q - r - s - t - u - v - w - x - y - z
- Dans l'alphabet, il y a **6 voyelles** et **20 consonnes**.
- Pour savoir si ***ois*[e]*au*** se classe avant ou après ***ois*[i]*f***, je compare le O, le I, le S puis le E et le I. Je vois alors que, dans l'alphabet, le E est avant le I.
Dans le dictionnaire, ***oiseau*** est donc classé avant ***oisif***.

Je m'exerce

4 * **Reformule la règle :**
On classe les mots suivant ... dans le dictionnaire. Pour classer ou chercher un mot, je compare la ... lettre puis la ... .

Classer des lettres en ordre alphabétique

5 * **Recopie chaque série de lettres et barre la lettre qui n'est pas à sa place.**
- f-g-h-l-i-j-k
- o-p-q-l-r-s-t
- a-b-c-h-d-e-f
- d-e-b-f-g-h-i

Classer des mots en ordre alphabétique

6 * **Classe chaque série de mots en ordre alphabétique.**
- pantoufle – enfant – bretelle
- macaron – crabe – jumelle
- livre – téléphone – bibelot
- croissant – appeler – biberon
- volant – ustensile – vigne
- juillet – balle – indien

7 * **Recopie en complétant avec avant ou après.**
*Exemple : **dauphin** est avant **jockey**.*
- *violette* est ... *pâquerette*.
- *ordinateur* est ... *imprimante*.
- *bateau* est ... *voile*.
- *chien* est ... *chat*.
- *ville* est ... *voiture*.

8 * **Dans chaque série de mots, retrouve le mot qui n'est pas à sa place. Récris chaque série dans l'ordre alphabétique.**
- banjo – ficelle – cassis – drapeau – éolienne
- flotter – géranium – mettre – perdrix – lumière
- coccinelle – artiste – balcon – proie – rire

9 ** **Classe chaque série selon les deux premières lettres de chaque mot.**
- mouflon – miracle – matelas – médaille
- poêle – parachute – piscine – préciser
- escargot – érosion – exploit – écrire
- tricheur – tapis – tirelire – toupie – temps

10 ** **Classe chaque série selon les trois premières lettres de chaque mot.**
- démettre – décamètre – déblayer – défense
- peu – pétunia – pédale – pelle
- album – alarme – allée – alerte
- chien – cheval – chat – chou – chute

J'écris

11 * **Cherche dans le dictionnaire un mot commençant par chacune des lettres de ton prénom et qui te ressemble. Écris ensuite une phrase avec ces mots.**
Exemple : Nolwenn → N comme nageuse, O comme originale, L comme lunettes...

12 ** **Même consigne que l'exercice précédent, mais en ajoutant ton nom de famille.**

Lire un article de dictionnaire

destinataire en personne. *Les deux adversaires en sont venus aux mains*, ils se sont mis à se battre. ◗ homonyme : maint.
▷ Autres mots de la famille : BAISEMAIN, ESSUIE-MAIN, MAIN-D'ŒUVRE, MAIN-FORTE, MAINTENANCE, MAINTENIR, MAINTIEN, SOUS-MAIN, EN UN TOURNEMAIN.

mainate n. m. ✦ Oiseau noir à bec jaune, capable d'imiter la voix humaine.

mainate

main-d'œuvre n. f. 1. Travail d'un ou de plusieurs ouvriers. *Il faut compter quatre heures de main-d'œuvre pour démonter ce moteur.* 2. Ensemble des ouvriers. *Cette usine emploie beaucoup de main-d'œuvre étrangère.* — Au pl. *Des mains-d'œuvre.*
▷ Mot de la famille de MAIN et de ŒUVRE.

main-forte n. f. ✦ *Prêter main-forte à quelqu'un*, c'est l'aider.
▷ Mot de la famille de MAIN et de ① FORT.

maint, mainte adj. ✦ Nombreux. *Elle avait déjà emprunté cette route maintes fois*, souvent. ◗ homonyme : main.
● Ce mot est littéraire.

maintenance n. f. ✦ Ensemble des opérations d'entretien et de réparation de machines et d'appareils. *Ils ont un contrat de maintenance pour leur chaudière.*
▷ Mot de la famille de MAIN et de TENIR.

maintenant adv. 1. Tout de suite. *Il faut partir maintenant si nous voulons être à l'heure.* 2. À présent, actuellement. *Maintenant, ce n'est plus comme avant.*

maintenir v. (conjug. 22) 1. Tenir dans une même position, empêcher de bouger. *Maintiens ce clou bien droit pendant que tu l'enfonces.* 2. Faire durer un état. *Il est difficile de maintenir la paix dans ce pays.* 3. Affirmer avec force. *Alex maintient qu'il a dit la vérité.* → **soutenir.**

➤ **maintien** n. m. 1. Façon de se tenir. → **attitude, posture, tenue.** *Les mannequins ont un maintien très étudié.* 2. Action de faire durer. *La police veille au maintien de l'ordre.*
▷ Mots de la famille de MAIN et de TENIR.

maire n. m. ✦ Personne élue par le conseil municipal pour diriger les affaires d'une commune. *Le maire est aidé par des adjoints. Madame le maire.* ◗ homonymes : mer, mère.
● On dit parfois *Madame la maire*.

➤ **mairie** n. f. ✦ Bâtiment où se trouvent les bureaux du maire et de l'administration de la commune. *Les mariés sortent de la mairie.* → aussi **hôtel** de ville.

mairie

mais conjonction et adv. 1. **conjonction** *Mais* s'emploie pour annoncer une idée contraire à celle qui a été exprimée. *Louise aimerait bien avoir un chien, mais sa mère n'aime pas les animaux.* 2. **adv.** *Mais* s'emploie pour renforcer ce qu'on dit. *Mais où est donc passé Théo ?* ◗ homonymes : mai, mets.

maïs [mais] n. m. ✦ Plante qui a une longue tige, de larges feuilles pointues et des grains serrés sur un gros épi cylindrique. *La ferme est entourée de champs de maïs. Les poules mangent du maïs*, des grains de maïs.
● Il y a un tréma sur le *i*.

maison n. f. 1. Bâtiment qui sert d'habitation. → aussi **château**, ② **ferme, pavillon, résidence, villa.** *Ils ont une maison au bord de la mer.* 2. L'endroit où l'on habite. → **domicile.** *Ce matin, Théo n'est pas allé en classe, il est resté à la maison*, il est resté chez lui. 3. Fait sur place. *Pour le dessert, le patron du restaurant nous propose des tartes maison.* 4. Bâtiment qui sert à un usage particulier.

614

Robert Junior 2009.

Je découvre

1 Pourquoi le mot « mainate » est-il écrit en gros en haut de la page ?

2 Pourquoi le mot « maintenir » est-il placé après le mot « maintenant » ?

3 À quoi correspond le texte qui suit chaque mot en rouge ?
à rien • à connaître sa définition • à des histoires

4 Associie chaque abréviation à sa signification.

v. •	• nom féminin
adj. •	• verbe
adv. •	• adjectif
n. f. •	• adverbe

5 Combien d'informations peux-tu relever pour le mot maintenant ? 1 – 2 – 6

J'apprends

Lire un article de dictionnaire

- Dans un dictionnaire, les mots sont classés dans l'**ordre alphabétique**.
- Le premier mot en haut de la page est le **mot repère**.
- Un **article de dictionnaire** nous renseigne sur :

– la **définition** d'un mot, avec des exemples.
– les **différents sens** d'un mot.
– sa **nature**, grâce aux **abréviations** (*n.* → nom ; *v.* → verbe ; *adj.* → adjectif ; *adv.* → adverbe) ainsi que son **genre** pour les noms (*n. m.* → nom masculin ; *n. f.* → nom féminin).

Je m'exerce

6 * **Reformule la règle :**
Un article de dictionnaire nous renseigne sur … .

Se servir des mots repères

7 * **Cherche dans ton dictionnaire quel est le mot repère de la page sur laquelle tu trouveras la définition des mots suivants :** cantine – penser – colchique – marin – zébu.

8 ** **Trouve deux mots qui sont placés entre ces mots repères :**
- cancre – cap.
- chercheur – chien.
- couleur – courageux.

Rechercher un mot

9 * **Dans ton dictionnaire, cherche le mot qui se trouve juste avant :** caresse – obliger – puits – plonger – tenir.

10 * **Dans ton dictionnaire, cherche le mot qui se trouve juste après :** ouvrir – triste – reflet – mythe – magie.

Lire un article de dictionnaire

11 ** **Cherche la nature des mots suivants dans le dictionnaire. Indique l'abréviation que tu as trouvée.**
gravement – espadon – retomber – venin – trompeur – corsaire – artisanal – amèrement – âme – heureux

12 ** **Trouve dans les deux premières pages de ton dictionnaire (lettre A) un mot de chaque nature :** adj. – adv. – v.

13 ** **À l'aide de ton dictionnaire, trouve le genre des noms suivants :** pétale – ortie – dentition – santé – écrevisse.

14 ** **Ces mots ont plusieurs sens, lesquels ?**
bien – décolleté – faux

J'écris

15 * **Lis la définition suivante :**

> **Tigradaire n.m.** Le tigradaire est un tigre avec une bosse sur le dos. Il vit au bord de l'océan. C'est un animal paisible, se déplaçant lentement. *Le tigradaire crie fort.*

De la même manière, écris la définition de l'animal suivant. Voici le renaropard :

16 ** **Voici un drôle d'animal, du croisement de trois espèces ! À toi d'imaginer le nom de cet animal particulier et d'en écrire la définition.**

Les différents sens d'un mot

Hauts et bas

Dans la vie, il arrive parfois qu'on ait des hauts et des bas. Parfois on est en haut, parfois on est en bas, ça dépend des jours.
Zézette, elle, a des bas. Des beaux bas nylon qu'elle porte haut. Quand on lui dit :
— Oh ! Regarde !
Elle répond :
— Bah ! J'en ai vu d'autres !
Zézette, elle est toute en « oh ! » et toute en « bah ! ». Ça va un moment et puis ça lasse. Finalement, elle n'est pas intéressante.
Moi aussi j'ai des bas et des hauts. Surtout des bas. Et c'est quand j'ai des bas que ma copine Kiki-La-Sardine a des hauts. Rien que pour me contrarier, c'est sûr ! D'ailleurs Kiki-La-Sardine n'a jamais de bas, même pas une paire. Kiki-La-Sardine, elle n'a que des chaussettes trouées. Trouées en haut, trouées en bas ! Une catastrophe !
J'ai une autre amie : Rita-Tampon. [...]
La sœur de Rita-Tampon s'appelle Nini-Qui-Rit. C'est une joueuse. Quand on lui dit :
— Haut les mains !
Elle répond :
— Bas les pattes !
Avec elle je me marre.

Claude BOURGEYX, *Le fil à retordre*, Éd. Nathan.

Je comprends

a. Combien y a-t-il de personnages dans cette histoire ? Comment s'appellent-ils ?

b. Kiki-La-Sardine n'a que :
- des collants.
- des chaussettes trouées.
- des sandalettes.

c. Comment s'appelle la sœur de Rita-Tampon ?

Je découvre

1 **Les mots en bleu expriment-ils tous la même chose ? Cherche la définition du mot bas dans le dictionnaire.**

2 **Les mots en rouge expriment-ils tous la même chose ? Cherche la définition du mot haut dans le dictionnaire.**

3 **Quels sens du mot bas trouvé dans le dictionnaire correspondent à ces extraits ?**
Il arrive parfois qu'on ait des hauts et des bas. • Parfois on est en bas. • De beaux bas nylon.

4 **Quels sens du mot haut trouvé dans le dictionnaire correspondent à ces extraits ?**
Parfois on est en haut. • Kiki-La-Sardine a des hauts.

J'apprends

Les différents sens d'un mot

- Un **même mot** peut avoir **plusieurs sens**.
Il faut **chercher le mot dans le dictionnaire** pour connaître ses différents sens.
Ensuite, dans la phrase, le **contexte** permet de trouver le bon sens.
Exemples : Le miroir est cassé ! Il y a des morceaux de **verre** partout.
Je bois dans un **verre** en plastique.

- Dans le dictionnaire, les différents sens d'un même mot sont indiqués par des **numéros** devant chacune des **définitions** du mot.

verre (n. m.) **1.** Matière transparente et fragile. **2.** Récipient dans lequel on boit.

Je m'exerce

5 * **Reformule la règle :**
Un même mot peut avoir ... sens. Pour savoir quels sens il peut avoir, je recherche ses ... dans le dictionnaire.

Chercher et identifier les différents sens d'un mot

6 * **Le mot pointe peut avoir plusieurs sens. Indique le sens correct pour chaque phrase : bout piquant d'un objet – clou – bout des pieds – petite quantité.**
- Tu marches sur la pointe des pieds.
- Le chevalier menace le brigand avec la pointe de son épée.
- Raphaël ajoute une pointe de sel dans la soupe.
- Fabien assemble ses étagères avec des pointes.

7 * **Cherche dans ton dictionnaire les différents sens des mots : bois – ouvert – lumière.**

8 ** **Dans ton dictionnaire, cherche un mot qui ait au moins deux sens différents. Emploie-le dans une phrase pour chaque sens.**

9 ** **Classe les phrases suivantes en trois catégories, selon le sens du mot chaîne. Tu peux utiliser le dictionnaire.**
- La chaîne des Pyrénées est magnifique sous le soleil.
- Le chien risque de casser sa chaîne, à force de tirer dessus.
- Il y a du foot sur la deuxième chaîne.
- Ta chaîne en argent est magnifique.

10 ** **Forme trois phrases correctes en associant les groupes de mots proposés. Attention au sens !**

Zoé fait de la gym, elle a ...	... de sable fin.
Ces élèves ont toujours ...	... la taille fine.
Voici une belle plage ...	... des idées fines.

11 ** **Trouve le sens des expressions suivantes :**
Casser les pieds. – Se lever du pied gauche. – Mettre un projet sur pied.

J'écris

12 * **Utilise le mot canne dans trois phrases pour décrire ces trois images.**

13 ** **Écris une phrase avec chacun des trois sens du mot canne.**

Le champ lexical

La colle à cœur brisé

Pour faire la colle à cœur brisé
Mélangez dans une éprouvette
Un peu de farine et de lait
Ah non zut, ça, c'est la pâte à crêpes...
Ça y est la recette me revient
Pelez des pommes cassez un œuf
Mettez au four thermostat 9
Et vous avez, et vous avez, et vous avez...
Ah mince, une tarte tatin... C'est une tarte tatin

Pour faire la colle à cœur brisé
Tressez ensemble des brins de paille
Ajoutez-y une poignée
Mais qu'est-ce que c'est que cet éventail ?
Comment avais-je pu oublier !
Prenez de la laine et de l'huile
Un saladier et des aiguilles
Vous mélangez, vous mélangez,
et vous avez...
Une vinaigrette à col roulé ?!

C'est pas une vie d'être un chercheur
Tout a déjà été trouvé
Les capuches, les ordinateurs
Les téléphones, les canoës
C'est pas une vie d'être un chercheur
Tout a déjà été trouvé
Même si j'dégotais le bonheur
On me dirait que ça existait

Premier en maths, physique-chimie
Voyez à quoi j'en suis réduit
Je vous le dis, être chercheur,
C'est pas une vie.

Louis CHÉDID, « Chanson du petit chimiste »,
Le Soldat rose.

Je comprends

a. Sous quelle forme se présente le texte ?

b. Quel est le métier de celui qui parle ?

c. Quel est le problème de ce personnage ?
- Il n'arrive pas à coudre une capuche sur sa blouse.
- Il n'arrive pas à inventer quelque chose qui n'existe pas déjà.
- Il s'est collé dans son laboratoire avec une colle spéciale.

d. À quoi peut bien servir une *colle à cœur brisé* ?

Je découvre

1 Quels ingrédients le chercheur utilise-t-il pour faire la colle à cœur brisé ?
beurre – huile – levure – farine – lait – œuf – pommes

2 À qui s'adressent les mots en rouge ?
- À nous.
- Au chercheur.
- Au cuisinier.

3 Regarde bien les mots en rouge. À quel vocabulaire se rapportent-ils ?
à l'école • à la cuisine • au bricolage

4 Trouve dans le texte les mots qui se rapportent au vocabulaire de la science.

J'apprends

Le champ lexical

Dans un texte, on trouve souvent **plusieurs mots** qui se rapportent à une **même idée**, à un **même thème**. Ces mots forment ce qu'on appelle un **champ lexical**.

midi, manger, casserole, cuire, couteau, poulet rôti, délicieux ...
→ champ lexical du **repas**.

roues, volant, conduire, freiner, siège...
→ champ lexical de la **voiture**.

Je m'exerce

5 * **Reformule la règle :**
Un champ lexical est un ensemble de ... se rapportant à une même idée ou à un même ... .

Repérer les mots d'un champ lexical

6 * **Recopie les mots qui appartiennent au champ lexical de l'hiver.**
montagne – neige – froid – patinoire – sapin – maillot de bain – plage – chalet – skier – bonnet

7 ** **Associie les mots au champ lexical auquel ils appartiennent.**

cahiers •	
cartable •	
âgé •	• école
cheveux gris •	
récréation •	• vieillesse
cantine •	
mamie •	

8 ** **Trouve le champ lexical qui correspond à ces mots :** chapiteau – clowns – trapèzes – jongler – lions – dompteur – costume.
- le champ lexical du **théâtre**.
- le champ lexical du **cirque**.
- le champ lexical de l'**opéra**.

Nommer un champ lexical

9 ** **Trouve à quel champ lexical appartient chaque liste de mots.**
- arbres – marrons – feuilles mortes – pluie – champignons – bottes en caoutchouc
- sieste – été – château de sable – nager – cahier de vacances – coquillages – ballon
- télécommande – programme – dessin animé – écran

Créer un champ lexical

10 ** **Trouve trois mots pouvant faire partie de chaque champ lexical :**
gourmandise • musique • piscine.

J'écris

11 * **Écris la recette d'une salade de fruits en utilisant les mots suivants :** banane, couteau, saladier, pastèque, orange, raisin, jus, sucre, réfrigérateur.
Tu peux utiliser les verbes d'action suivants : coupez, épluchez, pressez, versez, mélangez.

12 ** **Raconte en quelques phrases un repas au restaurant. Tu dois utiliser le champ lexical se rapportant au restaurant :** le menu, la table, les assiettes, les serviettes...
Tu lieras les différentes étapes du repas par des indicateurs de temps : d'abord, ensuite, puis, enfin...
Pour commencer : *Aujourd'hui, nous sommes allés manger au restaurant. Papa nous a d'abord montré le menu...*

Les familles de mots

Histoire de Louison et Suzon

Louison attend une livraison.
C'est une étrange cargaison :
Un bison, un vison, un tison,
Un blason, une toison, du poison,
Des cloisons pour sa maison,
Des oisons à foison
Et trois barreaux de prison,
Une combinaison
Des tables de conjugaison,
Des pneus anti-crevaison,
Un nouveau diapason
Et des recettes de guérison
Pour soigner ses démangeaisons.
Mais comme elle a le feu aux fesses,
Louison veut tout ça en vitesse.
Pendant ce temps sa sœur Suzon
Est étendue sur le gazon.
Elle contemple longuement l'horizon.
Les heures, les fleurs
Se succèdent sur son plaid.
Suzon pense au gazon à l'horizon.
Elle se dit :
Tout ce qui est beau nous aide.

Claire DEROUINEAU,
Mots futés pour écrire sans se tromper,
Éd. Actes Sud Junior.

Je comprends

a. Qu'est-ce qui ne figure pas dans la livraison de Suzon ?
des oisons – un bidon – des pneus – un bison – un diapason

b. Quel est l'intrus parmi ces mots ? Que veut dire ce mot ?
poison – cloison – gazon – plaid – diapason – démangeaison

c. Louison et Suzon sont :
- voisines.
- sœurs.
- amies.

d. À ton avis, que veut dire la phrase « Tout ce qui est beau nous aide », ligne 23 ?

Je découvre

1 Complète les phrases avec les mots en bleu dans le texte. Regarde bien les mots soulignés pour t'aider.
- Les petits du chat s'appellent des chatons ; les petits de l'oie s'appellent des ... .
- Pour barrer la route aux prisonniers et les empêcher de s'enfuir, on met des ... aux fenêtres de leur cellule.
- Pour prendre soin de son animal, il faut le nourrir, le nettoyer et le ... .
- J'ai acheté un nouveau bureau et je vais me le faire livrer mais on ne m'a pas précisé l'heure de la ... .
- Cette attente est très longue. Je ne savais pas qu'il fallait patienter aussi ... pour voir ce grand médecin.

2 Trouve dans le texte un mot de la même famille que chacun des verbes suivants.
Exemple : conjuguer → la conjugaison.
embellir • fleurir • empoisonner • s'attabler • guérir

J'apprends

Les familles de mots

Certains mots ont une **partie commune** : le **radical**.
Les mots formés sur un **même radical** constituent une **famille de mots**.

Ces mots ont souvent des **sens proches** les uns des autres.

Exemple : marche → une démarche, marcher, remarcher, un marchepied, un marcheur...

Je m'exerce

3 * **Reformule la règle :**
Une famille de mots est un ensemble de mots formés avec le même ... .

Reconnaître des mots d'une même famille

4 * **Recopie et entoure le radical pour chaque famille de mots.**
- bois – déboiser – reboisement – reboiser
- chanter – déchanter – chanteuse – enchanter
- un fleuriste – fleurir – une fleur

5 * **Recopie et entoure le mot qui est de la même famille.**
Exemple : mont → montagne *– moins.*
- joli → enjoliver – joie
- loin → loi – éloigner
- terre → enterrer – terminer

6 ** **Recopie chaque liste de mots et barre l'intrus.**
- chant – chanteur – champ – chanter
- frais – fraise – fraîcheur – rafraîchir
- brave – bras – embrasser – brasse
- poids – peser – pesanteur – pied

Trouver des mots d'une même famille

7 * **Trouve le verbe de la même famille pour chaque mot.**
Exemple : plat → aplatir.
une brosse – long – faible – un porteur

8 ** **Recopie et complète les phrases avec le verbe de la même famille que le mot en gras.**
- Gilles n'est pas **grand**. Sa croissance n'est pas terminée ; il va certainement encore ... .
- Fabrice n'est pas **patient**. Il ne sait ni attendre ni ... .
- Olivier est expert en **recherche** de trésors : il adore ... des objets sur les plages.

9 ** **Trouve les mots de la même famille représentés par les images et complète la phrase.**
Le ... cherche dans son livre de ... une recette pour fabriquer une potion ... .

Identifier des familles de mots

10 * **Classe chaque mot dans la bonne colonne, selon sa famille.**
changer – criée – s'écrier – crier – changeable – échange – cri – échangeur

cri	changement

11 ** **Pour chaque liste de mots, trouve la famille correspondante.**
- une muraille – mural – emmurer
- faciliter – facilement – des facilités
- décolorer – une coloration – un coloriste
- le patinage – un patineur – une patinoire

J'apprends

Les préfixes et les suffixes

Pour constituer des familles de mots, on peut ajouter au mot :

– des **préfixes**, avant le radical.

Exemple : poser → **dé**poser.

– des **suffixes**, après le radical.

Exemples : facile → facile**ment** ; laver → lav**able**.

Je m'exerce

12 * **Reformule la règle :**

On forme des familles de mots grâce à des ... (placés avant) et des ... (placés après) qui s'ajoutent au radical.

Identifier les préfixes

13 * **Recopie chaque liste de mots de la même famille et entoure les préfixes.**

- déposer – entreposer – superposer
- reformer – transformer – déformer
- soumettre – remettre – émettre

14 * **Recopie chaque mot souligné et entoure le préfixe.**

- Nous allons faire des travaux et surélever d'un étage la maison.
- Elle dépose d'abord sa fille à la danse puis son fils au tennis.
- Julien est impatient d'emmener ses cousins dans sa cabane secrète.

Former des mots avec des préfixes

15 * **Écris un verbe de la même famille en ajoutant un préfixe : sur-, dé-, re-, dés-.**

*Exemple : passer → **sur**passer.*

mettre – coller – habiller – charger – veiller

16 ** **Complète chaque phrase avec un verbe de la même famille et entoure son préfixe.**

Exemple : faire → Mon travail est mal fait, je dois le [re]faire.

- **Passer** → L'autre coureur est plus rapide, il peut le ... .
- **Ranger** → Sa maman est très occupée mais il a besoin d'elle ; il ose la ... .
- **Grandir** → Mes parents veulent ... la famille : je vais avoir une sœur ou un frère !

Identifier les suffixes

17 * **Associe chaque mot au nom de la même famille.**

passer •	• bavoir
fort •	• collage
collé •	• forteresse
baver •	• passerelle

18 * **Recopie chaque mot et souligne le suffixe.**

facilement – danseur – calmement – massage – rapidité – tristesse

19 ** **Recopie les mots formés avec un suffixe.**

- J'aime surtout la confiture sur le pain.
- Tu ignores tout de la vie des footballeurs.
- Ta plus belle qualité est ta gentillesse.

Former des mots avec des suffixes

20 * **Écris, en ajoutant un suffixe, le nom qui correspond à chaque adjectif.**

*Exemple : beau → beau**té**.*

longue – bavard – honnête – riche – fraîche

21 ** **À partir de chaque mot, construis deux mots avec des suffixes différents. Tu peux utiliser le dictionnaire.**

Exemple : passer → passage, passeur, passerelle...

un don • un dessin • un four • une dent

EXERCICES SUPPLÉMENTAIRES

SYNTHÈSE

22 * **Recopie chaque mot, souligne le radical et entoure le préfixe ou le suffixe.**
enchanter – coloration – indépendant – malveillant – transmettre – postier – mangeable – impatient

23 ** **Recopie et complète ce texte avec des mots de la famille du mot grand.**
Quand les enfants se mesurent les uns à côté des autres, certains sont plus ... que d'autres. Grégoire espère bien ... encore, surtout maintenant que sa famille s'est ... et qu'il a un petit frère : il est devenu le plus ... de la famille !

J'ÉCRIS

Employer des mots d'une même famille

24 * **Lis ce texte.**
À l'école, Pauline a demandé : « L'amoureux de Salomé ! C'est quoi ça, l'amoureux ? » Salomé ne savait pas non plus ce que c'était cette moureu… Abel, lui, savait qu'on tombait. On tombait amoureux. « Les amoureux, c'est dans les histoires ! » a dit Étienne.
– Ah oui ! Pour les princes et les princesses ?
[…]
La petite Noa a entendu parler du coude-foudre…
« Amoureux, c'est du feu !
– Ça brûle ?
– Comme un éclair… »

Rébecca DAUTREMER, *L'Amoureux*, Éd. Gautier-Languereau.

As-tu déjà été amoureux ?
Écris une courte définition de ce qu'est « être amoureux » en utilisant des mots de la même famille : amour, aimer, amoureuse, aimant, aimé...

Pour t'aider à démarrer : Quand on est amoureux, c'est quand on aime quelqu'un...

25 ** **Donne la définition de quelqu'un de beau en utilisant au moins deux autres mots de la même famille.**

Jouer avec les mots

26 ** **Tu connais déjà ces trois mots : un croque-madame, un bateau-mouche, un casse-tête. Imagine une nouvelle définition pour chaque mot, comme dans l'exemple.**
Exemple : un croque-monsieur
→ *C'est quelqu'un qui mange un monsieur.*

DICTÉE PRÉPARÉE

Les fleurs du bouquet sont défraîchies à cause de la chaleur. Le fleuriste avait bien dit de les rafraîchir souvent avec de l'eau fraîche. Mais avec la canicule, difficile de garder un peu de fraîcheur !

Les synonymes

Babayaga

Babayaga est une méchante ogresse...

Devenue une vieille femme, Babayaga continuait de manger des enfants : tartes aux mouflets, rôtis de mômes aux citrons confits, boudins de mioches aux olives, lardons... heu... aux lardons.

Elle ouvrit alors un restaurant : *Au bambin qui rissole.*

En ogresse de goût, elle avait porté une attention toute particulière à la décoration de sa maison. Mais personne ne vint, et c'est là qu'elle devint vraiment, mais vraiment méchante.

Un jour où la vieille ogresse n'avait rien à se mettre sous la dent, elle s'adressa à sa sœur Cacayaga, qu'on appelait désormais Marâtre. Cette dernière s'était mariée avec un gars du pays, veuf et père d'une fillette nommée Miette.

Miette était jolie comme un cœur, Marâtre jolie comme un pou. Marâtre détestait Miette. Aussi quand sa sœur la contacta, elle décida d'en profiter pour se débarrasser de l'enfant.

Rébecca DAUTREMER, *Babayaga*, Éd.Gautier-Languereau.

Je comprends

a. Que mange Babayaga ?

b. Comment s'appelle le restaurant de l'ogresse ?

c. Qui est Marâtre ?
la belle-mère de Miette • la tante de Miette

d. Pourquoi Marâtre se débarrasse-t-elle de l'enfant ?

Je découvre

1 Les noms en bleu ont :
un sens très proche • un sens opposé.

2 Dans le texte, trouve les mots qui ont un sens proche de :
- cruelle.
- haïssait.
- appela.

3 Trouve dans le texte deux autres noms pour désigner les enfants.

J'apprends

Les synonymes

- On appelle **synonymes** des mots de **sens très proches**.
Ils ont **la même nature**.
Exemples : immense – gigantesque – colossal (→ adjectifs)
facilement – simplement (→ adverbes)
un médecin – un docteur (→ noms)
crier – hurler – brailler (→ verbes)
- On utilise des synonymes pour **éviter des répétitions** à l'écrit.
- Dans le **dictionnaire**, le synonyme d'un mot est signalé par l'abréviation ***syn***.

Je m'exerce

4 * **Reformule la règle :**
Les synonymes sont des mots de même … qui ont des sens … .
À l'écrit, ils permettent d'éviter les … .

Reconnaître des synonymes

5 * **Remplace l'adjectif souligné par un synonyme : minuscule – malin – tranquille.**
- Ce renard est rusé. Il a réussi à s'échapper.
- Le bébé a été calme cette nuit. Il a bien dormi.
- J'ai un petit trou dans ma chaussette.

6 ** **Forme des couples de synonymes avec les adjectifs de cette liste :**
fatigué – grave – solide – facile – magnifique – beau – épuisé – dur – tragique – simple.

7 ** **Trouve l'intrus qui s'est glissé dans chaque liste de synonymes.**
- un habit – un vêtement – un costume – une coutume
- dire – raconter – taire – informer
- imbécile – malin – rusé – futé
- un vendeur – une boutique – un commerçant – un marchand

Utiliser des synonymes

8 * **Récris les phrases en remplaçant le verbe « faire » par un de ses synonymes : fabriquer – nettoyer – écrire – construire.**
- Le menuisier fait une table en chêne.
- Le maçon fait un mur de deux mètres.
- Papa fait la vaisselle.
- Cet auteur fait plusieurs livres par an.

9 * **Récris les phrases en remplaçant l'adjectif « grande » par un de ses synonymes : immense – monumentale – haute – énorme.**
- Mathieu a mangé une grande part de gâteau au chocolat.
- Ce château possède une grande porte.
- L'alpiniste gravit une grande montagne.
- Cette cathédrale a une grande façade.

J'écris

10 * **Récris le texte suivant en remplaçant les mots soulignés par un de leurs synonymes. Tu peux utiliser ton dictionnaire.**
La semaine dernière, j'étais souffrant. J'avais de la fièvre. Ma mère a contacté un médecin. Il m'a ausculté. Il a ensuite réconforté mes parents : rien de dramatique !

11 ** « La laide, l'horrible, la sinistre… l'affreuse sorcière Carabosse. »
Invente, sur le même modèle, deux phrases présentant la fée ci-contre.

Les contraires

Voyages imaginaires

Lucie se rappelle des moments passés avec sa grand-mère.

Avec ma mamie, on jouait à faire des voyages pour de faux. On s'installait à la table de la cuisine, on ouvrait l'atlas[1] et on choisissait un pays, au hasard. Je devais fermer les yeux et faire tourner mon doigt au-dessus de la carte du monde avant de le poser brusquement, n'importe où. Après on lisait ce qu'il y avait marqué sous mon doigt comme nom de pays. Et on y allait, avec notre tête. Quand mon doigt tombait dans la mer, on choisissait le pays le plus proche. On se racontait comment on l'imaginait, s'il faisait chaud ou froid, ce qu'il y avait comme animaux et comme fleurs. On inventait, et on rigolait.

Et puis après, on était plus sérieuses. Mamie lisait dans l'encyclopédie tout ce qu'il y avait d'écrit sur le pays, le nombre d'habitants, la superficie, les cultures, l'histoire, et puis on découpait des photos dans les journaux et on les collait dans un cahier. Un voyage, ça durait longtemps. Pour l'Égypte, on était tellement curieuses qu'on y est restées un mois, on a rempli deux cahiers entiers de photos et d'articles. Moi, j'aurais bien aimé qu'on y aille pour de vrai voir les pyramides.

Amélie COUTURE, *La grève de la vie*, Éd. Actes Sud Junior, 2002.

1. Un *atlas* est un livre de cartes de géographie.

Je comprends

a. Quel autre titre peux-tu donner à cette histoire ?
- Mes carnets de voyage.
- Mon voyage en Égypte.

b. Réponds par vrai ou par faux.
- Lucie a souvent pris l'avion pour voyager avec sa mamie.
- Lucie et sa mamie ont collecté de nombreuses informations sur plusieurs pays.
- Le voyage le plus long a été celui en Égypte.

c. Relève dans le 1er paragraphe la phrase qui montre qu'il s'agit de voyages imaginaires.

Je découvre

1 Quelle est la classe des mots en rouge ?
verbe • adjectif • nom

2 Associe chaque mot à son contraire.

chaud •	• gai
vrai •	• démonter
triste •	• froid
monter •	• faux

3 Retrouve dans le texte le contraire des mots ou expressions suivants :
ouvrir – en dessous – doucement.

j'apprends

Les contraires

- On appelle **contraires** ou **antonymes** des mots qui ont des **sens opposés**. Ils ont la même nature.
  Exemples : grand / petit (adjectifs) • la joie / la tristesse (noms)
- Beaucoup de contraires se forment avec des **préfixes**.
  Exemples : lisible → **il**lisible coller → **dé**coller possible → **im**possible
- Dans le dictionnaire, le contraire est signalé par l'abréviation ***contr.***

Je m'exerce

4 * **Reformule la règle :**
On forme souvent le contraire d'un mot en lui ajoutant un … .

Reconnaître et trouver des contraires

5 * **Associe chaque mot à son contraire.**

lent •	• patient
impatient •	• rire
pleurer •	• allumer
éteindre •	• rapide

6 * **Forme des couples de mots contraires.**
cru – léger – impoli – fidèle – aimable – cuit – poli – désagréable – lourd – infidèle

7 ** **Recopie et remplace chaque adjectif en gras par un adjectif de sens contraire.**
- Cette couverture est bien **épaisse**.
- La bouteille de jus de raisin est **vide**.
- C'est un garçon **adroit**. Il habite dans une maison **minuscule**.
- Tom a eu un accident **bénin**.

8 ** **Recopie et complète les phrases avec un mot de sens opposé.**
- Le chat est <u>dehors</u>. Non, il est …
- Luc roule <u>vite</u>. Non, il roule …
- Les élèves écoutent <u>toujours</u> la maîtresse. Non, ils n'écoutent …
- Ton pyjama est <u>sur</u> l'oreiller. Non, il est …

9 ** **Remplace les mots soulignés pour dire le contraire.**
Le <u>grand</u> loup <u>avance</u> <u>lentement</u>.

Former le contraire d'un mot à l'aide d'un préfixe

10 * **Ajoute les préfixes im-, in-, dé- ou dés- pour écrire le contraire.**
*Exemple : juste → **injuste**.*
possible – connu – agréable – vêtu – congeler – monter – faire – coudre – espérer

11 ** **Écris les phrases en changeant le préfixe de chaque mot en gras pour former le contraire.**
- La lune **apparaît**.
- Le chien **enterre** son os.
- Les ressources de ce champ sont **surexploitées**.

J'écris

12 * **Récris cet extrait en remplaçant les mots soulignés par leur contraire.**
Avec ma mamie, on joue souvent à faire des voyages pour de <u>faux</u>. On s'installe dans une pièce <u>claire</u> et on choisit un pays dans l'atlas. Puis on prend les magazines à <u>droite</u> de la table et on découpe des photos sur le pays. Parfois, on <u>surligne</u> des informations intéressantes. Mamie trouve ça <u>passionnant</u>.

13 ** **Imagine quatre phrases en employant ces couples de mots contraires :**
- lent / rapide.
- solide / fragile.

Exemple : <u>Ouvert</u> comme une porte / <u>Fermé</u> comme une boîte.

Les homonymes

L'esprit de l'oiseau

Dehors, le vent glacé du Grand Nord souffle et rugit
Et dans la grande maison, Inua danse et dit :
« Je suis immortel car je suis l'esprit de l'oiseau à nageoires.
Je peux mourir mille fois, je renaîtrai mille fois,
Sous les plumes de l'oiseau
Ou dans la peau d'un phoque,
Sous la pelisse de l'ours polaire
Ou dans le corps de l'homme.
Car nous tous, oiseaux, phoques, ours et hommes,
Nous sommes tous frères et égaux pour la chasse et la pêche. »
Dans la grande maison, Inua danse.
Et l'oiseau étire son long bec.
Et la lune sourit sur son dos.

Marie SELLIER, *Mon petit quai Branly*, Réunion des musées nationaux, 2009.

Je comprends

a. Quel animal n'est pas nommé dans le texte ?

le pingouin – le phoque – l'ours

b. Réponds par vrai ou par faux.

- Le vent chaud des Tropiques souffle autour de la maison.
- Inua est un homme qui se transforme en l'esprit d'un oiseau.
- L'esprit de l'oiseau peut mourir et revivre mille fois.
- Le soleil tape sur la maison pendant qu'Inua danse.

Je découvre

1 **Complète les phrases suivantes en utilisant les mots en bleu mais dans un sens différent du texte. Aide-toi des dessins.**

- J'ai cassé ma tirelire et j'ai ramassé les … .
- Le … est arrivé en retard pour nous emmener à la piscine.

2 **Retrouve dans chaque phrase le mot qui se prononce comme le mot en rouge.**

Exemple : Vent → Ce marchand vend des fruits de saison.

Dans → Il a perdu une dent hier et la petite souris est passée dans la nuit.
La → Désolé, il n'est pas là, il vient de partir.
Car → Vous avez aimé mon gâteau, il n'en reste qu'un quart !
Fois → J'ai trop mangé, j'ai mal au foie.
Ou → Je ne sais plus où j'ai rangé mon livre.

J'apprends

Les homonymes

- Les **homonymes** sont des mots qui **se prononcent de la même façon**, mais qui ont des **sens différents**.
- Ils peuvent s'écrire différemment.

  Exemples : Mon **père** cuisine. – J'ai perdu ma **paire** de chaussettes rouges !
  Tu fais de la **danse** tous les samedis. – Le trafic est **dense** sur l'autoroute.

Je m'exerce

3 * **Reformule la règle :**
Des mots qui se prononcent de la même façon et n'ont pas le même sens sont des ... .

Repérer des homonymes

4 * **Recopie ces mots. Barre dans chaque liste le mot qui n'est pas un homonyme.**

- pleine – plan – plaine
- cane – scène – canne
- mal – miel – malle

5 * **Associie les homonymes entre eux.**

pin •	• palet
pelle •	• poing
palais •	• pèle
point •	• pain

6 ** **Relève les deux homonymes dans chaque phrase.**
Exemple : La petite fille met la dent qu'elle a perdue dans sa petite boîte.

- Je ne mange pas de petits pois pour ne pas prendre de poids.
- As-tu regardé la date de péremption sur le paquet de dattes que tu as acheté ?
- Laurence va acheter une crème de beauté pour la peau car son pot est vide.
- Le policier lui a mis une amende car il s'est mal garé, le temps d'aller acheter des amandes.
- La poule pond des œufs après avoir installé tranquillement son nid sous le pont.
- Dans la cour de récréation, Thomas et Zara courent vers moi.

Choisir le bon homonyme

7 * **Trouve l'homonyme qui convient pour chaque image.**

seau – sot

ton – thon

chant – champ

8 * **Écris chaque nombre représenté en choisissant parmi les homonymes proposés.**
3 → trois – Troie
20 → vin – vingt
100 → sans – cent

9 ** **Écris l'homonyme correspondant à chaque image.**

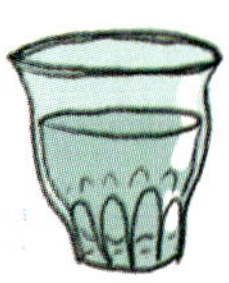

10 ** **Recopie et complète les phrases en choisissant parmi les homonymes proposés.**

- sang – cent – sans

Je n'aime pas les desserts ... chocolat.

- sel – selle – celle

Tu dois mieux attacher la ... sur le dos de ton poney pour ne pas tomber.

- mère – mer – maire

Il vient d'être élu ... de la ville.

- sceau – sot – saut

L'athlète éthiopien a eu la médaille d'or en faisant le ... le plus haut.

J'apprends

Les homonymes peuvent s'écrire de la même manière

Parfois, les **homonymes** s'écrivent de la même manière mais n'ont pas la même nature.

Exemples : J'entends le **souffle** du vent dehors.
nom masculin

Elle **souffle** les bougies sur son gâteau d'anniversaire.
verbe « souffler » au présent, 3e personne du singulier

Je m'exerce

11 * **Reformule la règle :**

Les homonymes peuvent s'écrire de la même manière mais leur ... peut être différente.

Identifier un homonyme

12 * **Complète chaque phrase avec son ou ferme.**

- On élève des poules, des vaches, des cochons dans une ... .
- Ce vélo est le sien. C'est ... vélo.
- Pour mieux entendre une chanson, on monte le ... .
- Sa décision est ... et définitive.

13 * **Lis chaque devinette et trouve les homonymes qui correspondent.**

- Je suis le petit signe rond qui se promène sur le « i ».
Je suis ce que l'on compte quand on joue pour savoir qui perd et qui gagne.
Je suis un signe de ponctuation.
- Je suis un petit mollusque qu'on aime manger avec des frites.
Je suis le récipient dans lequel on fait cuire un gâteau.

14 ** **Lis chaque définition et trouve les trois homonymes qui correspondent.**

a. Si on ne se conduit pas bien, on se conduit ... .
b. Quand c'est à toi, je dis « ... » ; quand c'est à moi, je dis « mon ».
c. Un jeune marin s'appelle un ... .
d. Quand je me savonne les mains, je fais de la ... .
e. J'ai le ... de mer en bateau.
f. Quand on est en colère, on parle fort, on hausse le ... .

Utiliser des homonymes

15 ** **Recopie et complète chaque phrase avec les homonymes qui manquent.**

- La potière a cuit un pot dans son ... . La voisine s'en sert pour proposer chaque petit ... aux invités.
- Les ... jouent aux ... pendant que les hommes jouent aux échecs. Les enfants préfèrent jouer aux cartes : un enfant a caché la carte de la ... de cœur dans sa poche pour tricher !

Identifier la nature d'homonymes

16 * **Indique la nature qui convient pour les homonymes soulignés.**

- J'aime manger une orange (*verbe – nom*) au petit déjeuner. Mais après, mes doigts sont collants et orange (*adverbe – adjectif*).
- Il travaillait son solfège et révisait la clé de sol (*nom – adverbe*) quand son livre est tombé sur le sol (*adjectif – nom*).

17 ** **Indique la nature de chaque homonyme souligné : verbe, nom, adverbe ou adjectif.**

- Qu'est-ce que tu bois ? De l'eau ou du jus de fruits ? J'aime beaucoup les fruits des bois, moi.
- Avec la pluie, les escargots et les vers sont de sortie. La maîtresse en a fait une poésie avec de jolis vers.

EXERCICES SUPPLÉMENTAIRES

SYNTHÈSE

18 * **Relève dans chaque phrase la paire d'homonymes.**
- Elle a cueilli des mûres dans les ronces, près du mur en brique, et elle les a toutes mangées !
- Le maire célèbre le mariage de Paul et Lisa ; ce soir, tous iront danser dans une grande salle face à la mer.
- « Je ne mettrai pas ce pantalon, il est laid ! » dit Jules en buvant du lait.
- Il a choisi une destination pour ses vacances : l'île de la Réunion.

19 ** **Écris correctement chaque phrase en choisissant le bon homonyme.**
- Tu fais tellement de bruit que tu (*nuit/nuis*) à ma tranquillité.
- Je connais la gamme par cœur : do, ré, mi, fa, sol, la, (*scie/si*), do.
- Elle n'est pas vraiment (*sur/sûre*) de vouloir partir avec nous en vacances.
- Nous prenons l'avion demain, c'est la (*fin/faim*) des vacances !

J'ÉCRIS

Employer des homonymes

20 * **Utilise les homonymes mère et mer dans une même phrase.**

21 ** **Cherche un homonyme pour chaque mot : coup, col, fin.**
Écris trois phrases en utilisant ces homonymes. Utilise le dictionnaire pour t'aider.

Écrire une lettre

22 ** **Lis la lettre que Mathis a écrite à ses grands-parents pour raconter ses vacances.**

La Saboterie,
le 10 août

Chère Mémé et cher Pépé,

Je passe des vacances avec Papa et Lila. C'est super, nous faisons du vélo dans la forêt. Nous allons à la piscine tous les jours ! Lila ne sait pas nager, alors Papa lui met une bouée.
Je vous embrasse très fort,

Mathis

À ton tour, écris une lettre à tes grands-parents ou à un ami. Imagine que tu es en vacances (à la campagne, au ski, à la mer, en ville…).
Aide-toi du petit mémo pour écrire ta lettre.

Écrire une lettre
Quand on **écrit une lettre**, il faut :
- indiquer le **lieu** et la **date**.
- mettre une **formule de début** (*Cher Papi ; Salut !*) et une **formule pour terminer** (*À bientôt ; Je t'embrasse*).
- **signer**.

DICTÉE PRÉPARÉE

Le guide est sûr que les enfants aiment la visite du musée : il leur dit tout ce qu'il sait sur les objets des différents continents. Il leur montre un plat en écorce où les Indiens mangeaient des insectes ou des plantes.

Révisions

Le vocabulaire de l'école

1 **Relève les éléments que l'on peut trouver dans une classe.**

un tableau – une carte de France – un four – une baignoire – une estrade – un pupitre – un bureau – une armoire – une chaudière – un lit – un ordinateur – un réfrigérateur – une lampe de chevet – des fichiers de mathématiques – des manuels– une poubelle – une cuisinière

2 **Indique à quelle discipline correspond chaque consigne : grammaire, orthographe, vocabulaire ou conjugaison.**

- Range les mots par ordre alphabétique.
- Conjugue le verbe « dire » à l'imparfait de l'indicatif.
- Retrouve toutes les phrases interrogatives de ce texte.
- Écris correctement le son [o] dans les mots suivants.

L'ordre alphabétique

3 **Écris chaque groupe de lettres dans l'ordre alphabétique.**

- b – g – k
- d – j – e
- h – s – l
- r – f – t
- u – z – w
- n – o – m

4 **Cherche dans ton dictionnaire le mot situé juste après chaque mot suivant : écuelle – condor – pyramide.**

5 **Dans ton dictionnaire, cherche le mot qui est juste avant et celui qui est juste après chaque mot suivant : liane – récif – port – pizza – pharaon.**

6 **Classe les mots de cette liste dans l'ordre alphabétique.**

brouillon – brun – brutal – budget – butin – bus – brume – bruit – brûlant – broyer – brousse – bûche – bulle – brouiller – bruine – brûlure

Lire un article de dictionnaire

7 **a. Cherche et recopie la définition des mots suivants dans ton dictionnaire : marée – périmé – cime – dossard – langouste.**

b. Pour chacun, indique le mot qui se trouve juste après dans le dictionnaire.

8 **Retrouve dans ton dictionnaire entre quels mots repères sont classés ces mots : commode – gaspillage – miniature – poulain – tornade.**

9 **À l'aide de ton dictionnaire, retrouve le genre des noms suivants.**

- pétale
- auge
- ver
- totem
- moral
- croquis
- abat-jour
- viaduc
- tournesol
- mimosa

Les différents sens d'un mot

10 **Cherche les mots suivants dans ton dictionnaire. Recopie à chaque fois leur sens n° 2.**

- absorber
- affaire
- aiguille
- antenne
- balle
- bloquer

11 **Complète chaque couple de phrases avec le même mot.**

a. Ma petite sœur a attrapé la varicelle, elle est couverte de … .
Je ne peux plus fermer mon manteau, les … sont décousus.

b. As-tu bien appris tes … de multiplication ?
Les chaises, les armoires et les … sont des meubles.

Le champ lexical

12 **Relève les mots appartenant au champ lexical de l'équitation.**
chalutier – étrier – bombe – étable – écurie – cheval – selle – volant – mors – éperon – sabots – cravache – rennes – hippodrome – jockey – manège – basse-cour – vache

13 **Trouve à quel champ lexical appartient chaque liste de mots.**
- piano – concerto – radio – instrument – partition
- pantalon – manteau – chemise – cravate – robe
- bistouri – pansement – chirurgien – piqûre – opération

Les familles de mots

14 **Dans chaque liste, un intrus s'est glissé ! Retrouve-le et recopie-le.**
- jardinerie – jardinage – janvier – jardinière
- marchand – marchander – marchandise – marche
- net – neuf – nettoyer – nettoyage
- tisane – tissu – tisser – tisserand

15 **Trouve deux mots de la même famille pour chacun des noms suivants : terre – chant – fleur – montagne – dent.**

16 **Complète chaque liste avec des mots de la même famille construits avec des préfixes (*dé-*, *re-*...) ou des suffixes (*-ment*, *-eur*, *-age*...).**
Exemple : monter, remonter...
→ *démonter, montage.*
- planter, plant, ...
- plier, pli, ...
- lent, lenteur, ...

Les synonymes

17 **Cherche dans ton dictionnaire un ou plusieurs synonymes des mots suivants : une blessure – bouillant – un choc – comique – débuter – demeurer – doucement – vite.**

18 **Retrouve dans ce texte deux verbes synonymes.**
– C'était un tout petit Monsieur – tout petit. Sa femme risquait toujours de le perdre.
Quand ils venaient de se disputer – deux ou trois disputes par jour – elle n'aurait pas été mécontente de l'égarer définitivement.

Léopold CHAVEAU, *Les deux font la paire*,
Éd. La Joie de lire.

Les contraires

19 **Cherche dans ton dictionnaire le contraire des mots suivants : intelligent – peureux – coupable – pleurer – cesser – réussir – court – dessous – rapidement.**

20 **Ajoute un préfixe à chaque mot pour écrire le contraire.**
a. heureusement – poli – possible – valide – compréhensible – honnête – agréable
b. adroit – faire – bloquer – habile – coller – visser

Les homonymes

21 **Trouve un homonyme pour chaque mot : une tante – dans – un ver – un chant – perd.**

22 **Recopie chaque phrase avec le bon homonyme.**
- Le (*sot/seau/sceau*) est rempli d'eau.
- La femelle du canard s'appelle la (*cane/canne*).
- L'orage éclate, on entend un violent (*coup/cou/coût*) de tonnerre.
- Je suis restée trop longtemps au soleil, ma (*peau/pot*) est toute rouge.

23 **Retrouve tous les homonymes du mot cent et indique leur nature.**

Tableaux de conjugaison

1er groupe

	présent de l'indicatif	futur de l'indicatif	imparfait de l'indicatif
chanter	je chante tu chantes il, elle, on chante nous chantons vous chantez ils, elles chantent	je chanterai tu chanteras il, elle, on chantera nous chanterons vous chanterez ils, elles chanteront	je chantais tu chantais il, elle, on chantait nous chantions vous chantiez ils, elles chantaient
lancer	je lance tu lances il, elle, on lance nous lançons vous lancez ils, elles lancent	je lancerai tu lanceras il, elle, on lancera nous lancerons vous lancerez ils, elles lanceront	je lançais tu lançais il, elle, on lançait nous lancions vous lanciez ils, elles lançaient

2e groupe

	présent de l'indicatif	futur de l'indicatif	imparfait de l'indicatif
finir	je finis tu finis il, elle, on finit nous finissons vous finissez ils, elles finissent	je finirai tu finiras il, elle, on finira nous finirons vous finirez ils, elles finiront	je finissais tu finissais il, elle, on finissait nous finissions vous finissiez ils, elles finissaient

3e groupe

	présent de l'indicatif	futur de l'indicatif	imparfait de l'indicatif
aller	je vais tu vas il, elle, on va nous allons vous allez ils, elles vont	j'irai tu iras il, elle, on ira nous irons vous irez ils, elles iront	j'allais tu allais il, elle, on allait nous allions vous alliez ils, elles allaient
dire	je dis tu dis il, elle, on dit nous disons vous dites ils, elles disent	je dirai tu diras il, elle, on dira nous dirons vous direz ils, elles diront	je disais tu disais il, elle, on disait nous disions vous disiez ils, elles disaient
faire	je fais tu fais il, elle, on fait nous faisons vous faites ils, elles font	je ferai tu feras il, elle, on fera nous ferons vous ferez ils, elles feront	je faisais tu faisais il, elle, on faisait nous faisions vous faisiez ils, elles faisaient

	présent de l'indicatif	futur de l'indicatif	imparfait de l'indicatif
pouvoir	je peux tu peux il, elle, on peut nous pouvons vous pouvez ils, elles peuvent	je pourrai tu pourras il, elle, on pourra nous pourrons vous pourrez ils, elles pourront	je pouvais tu pouvais il, elle, on pouvait nous pouvions vous pouviez ils, elles pouvaient
partir	je pars tu pars il, elle, on part nous partons vous partez ils, elles partent	je partirai tu partiras il, elle, on partira nous partirons vous partirez ils, elles partiront	je partais tu partais il, elle, on partait nous partions vous partiez ils, elles partaient
prendre	je prends tu prends il, elle, on prend nous prenons vous prenez ils, elles prennent	je prendrai tu prendras il, elle, on prendra nous prendrons vous prendrez ils, elles prendront	je prenais tu prenais il, elle, on prenait nous prenions vous preniez ils, elles prenaient
venir	je viens tu viens il, elle, on vient nous venons vous venez ils, elles viennent	je viendrai tu viendras il, elle, on viendra nous viendrons vous viendrez ils, elles viendront	je venais tu venais il, elle, on venait nous venions vous veniez ils, elles venaient
voir	je vois tu vois il, elle, on voit nous voyons vous voyez ils, elles voient	je verrai tu verras il, elle, on verra nous verrons vous verrez ils, elles verront	je voyais tu voyais il, elle, on voyait nous voyions vous voyiez ils, elles voyaient
vouloir	je veux tu veux il, elle, on veut nous voulons vous voulez ils, elles veulent	je voudrai tu voudras il, elle, on voudra nous voudrons vous voudrez ils, elles voudront	je voulais tu voulais il, elle, on voulait nous voulions vous vouliez ils, elles voulaient

avoir et *être*

	présent de l'indicatif	futur de l'indicatif	imparfait de l'indicatif
avoir	j'ai tu as il, elle, on a nous avons vous avez ils, elles ont	j'aurai tu auras il, elle, on aura nous aurons vous aurez ils, elles auront	j'avais tu avais il, elle, on avait nous avions vous aviez ils, elles avaient
être	je suis tu es il, elle, on est nous sommes vous êtes ils, elles sont	je serai tu seras il, elle, on sera nous serons vous serez ils, elles seront	j'étais tu étais il, elle, on était nous étions vous étiez ils, elles étaient

N° éditeur : 10162373 - Dépôt légal : Février 2010
Imprime en Italie par Rotolito Lombarda